蒋维乔自述

蒋维乔 著

泰山出版社 · 济南 ·

图书在版编目（CIP）数据

蒋维乔自述 / 蒋维乔著. -- 济南：泰山出版社，
2022.12

ISBN 978-7-5519-0742-2

Ⅰ．①蒋⋯ Ⅱ．①蒋⋯ Ⅲ．①蒋维乔（1873—
1958）—自传 Ⅳ．① K825.46

中国版本图书馆CIP数据核字（2022）第169969号

JIANGWEIQIAO ZISHU

蒋维乔自述

责任编辑 程 强
装帧设计 路渊源

出版发行 泰山出版社
　　　　　　社　　　址　济南市泺源大街2号　邮编　250014
　　　　　　电　　　话　综 合 部（0531）82023579　82022566
　　　　　　　　　　　　出版业务部（0531）82025510　82020455
　　　　　　网　　　址　www.tscbs.com
　　　　　　电子信箱　tscbs@sohu.com
印　　　刷 山东新华印务有限公司
成品尺寸 150 mm×230 mm　16开
印　　　张 14
字　　　数 170千字
版　　　次 2022年12月第1版
印　　　次 2022年12月第1次印刷
标准书号 ISBN 978-7-5519-0742-2
定　　　价 39.00元

凡　例

一、本书收录了作者的相关经典文章或片段，主要展现了作者的学术历程或情感操守等。

二、将所选文章改为简体横排，以适应当代的阅读习惯。所选文章尽量依照原作，以保持文章的时代原貌，有些地方参照当下最新的整理成果进行了适当修改。

三、所选文章没有标题或者标题重复的，编辑时另行拟加或改拟。个别文章为相近内容之汇辑，另拟新题。

四、对有些当时使用的文字，如"的""地""得""化钱""记帐"等，均一仍其旧。

目
录

因是先生自传

先生姓蒋，名维乔，字竹庄，别号因是子，江苏武进县人。先考少颖公，有隐德，服膺程朱之学，每诏先生曰："吾望汝读书，能为明理之君子，不望其取科名也。"先生幼颖悟，读书过目成诵。惟家贫无力从良师，值科举时代，士子皆悉力于八股文，先生则厌恶之。偶从友人处，借得《曾文正公家书》阅之，始知世间有义理、词章、考据等学问，乃大喜。决以段、王、江、戴之训诂，为班、扬、左、郭之文章。但正值青年发育之时，百病环生，病中不废诵读。先考察其病源，示以修养心性之书，及医书中所载道家小周天之术，乃恍然大悟。习之，病良已，然无恒心。二十岁入泮后，益废弃八股，从事朴学，兼习算术舆地。偶应乡试，辄为弘博奇丽之文，列入堂备。而主考以其文太奇肆，屏之，遂未中式，先生亦不为意也。是时上海制造局译出科学书籍，先生见而喜之，从事研究，向者所好之小学词章，亦稍稍起置矣。

江阴有南菁书院，学使黄漱兰先生所手创也。院中专治经史、舆地、古文、词章等学，为全省最高学府。秀才考列前茅者，方得进院肄业，院中有十万卷藏书，各生有斋舍一间，每月有膏火。肄业其中者，皆大江南北之优秀分子。先生于二十三岁以岁考第三名调入书院。得从定海黄元同山长游，遂潜心经子，并肆力于古文。如是五年，学业稍有成就，不若向者之泛滥无归矣。二十八岁时，得肺疾，咳嗽咯血，百药罔效。先考忧之，告以此病非药石可愈，惟有静养，于是屏除药物，隔绝妻孥，别居静室，谢绝世事，每日子午卯酉，四次静坐，余暇则读老、庄及佛经，习七弦琴一二引，身心愉快。三月之间，生理大起变化，病霍然而愈。从此静坐之功，永不间断。庚子拳乱以后，清廷诏各省兴学。南菁书院亦于民元前十年改为江南全省高等学堂，主其事者为丁山长立钧。当时朝野人士，均抱中学为体，西学为用之见解，以为院中肄业各生，非举人，即秀才，皆成材之士，其学问如经史诸子舆地政治掌故，分门研究，早具专门资格，只须补习普通学已足。故所定课程，为理化、测绘、英文、日文、体操五门，以今观之，实幼稚可哂，然当时已觉太新，学生之笃旧者，犹反对主张，一致不上堂听讲。先生则锐意革新，主张上堂听讲，无形中分成新旧两派。先生被推为新派领袖，襄助丁山长进行五门课程，同学或习一二门多至三门，先生则贪多务得，五门同时学习。迻时理化教习钟观光先生，讲解彻底，实验正确，最得同学信仰，且于授课之余，灌输国家思想。先生始恍然于民族革命意义，心醉其说，对于科举，更加鄙视，立志不再应乡试。

值上海蔡元培、蒋智由等发起中国教育会，电致钟师，请介绍会员，先生遂加入是会。是年暑假，丁山长因病退职，继任者不满人意，先生即随钟师至上海，见蔡元培。蔡方主办爱国学社，面请先生明春至社中任国文教员，翌年，先生即就职爱国学社。学社实为中学性质，学生分一、二、三、四年级，国文教员两人，章太炎任三、四年级，先生任一、二年级，纯尽义务，校中仅供膳宿。先生与太炎均恃翻译日文以自给。蔡元培兼任商务印书馆编译所长，计画编辑小学教科书，嘱先生担任国文编辑。中国教育会每星期日在张园安恺第讲演革命。一切言论以《苏报》为发表机关，致触清廷之忌，密谕两江总督魏光焘查拿蔡元培、吴敬恒、章太炎、陈梦坡、邹容、宗仰六人。蔡避往青岛，吴至欧洲，陈至日本，章、邹二人入狱，《苏报》被封，爱国学社亦解散，此即近代史上有名之《苏报》案也。

先生离爱国学社后，认救国根本，厥在教育，遂入商务印①书馆编译所，编辑国文、历史等教科书，并研究教育、心理、论理诸学。上海科学仪器馆，先后开办理化及博物讲所，先生必往听讲。因念家乡小学虽开办多所，而理科则付阙如，乃约集同志筹款购办仪器，于年暑假回里，分期开办理化博物传习所，即以自己所得者，转输于小学教员，武进小学之有理科，乃先生为之创始也。时各省尚未有师范学校，全国缺乏小学教员，先生劝商务印书馆出资开办小学师范讲习所，来学者率皆地方办学人员，归后主持教育，毕业三届，得人称盛。先生在商务佣书，直接间接，皆不离教育，忽忽十年，若将终身。

会辛亥革命，南京临时政府成立，蔡元培任教育总长，邀先生任秘书长，以全部事务托之。先生以为改革伊始，军事未

---

① 底本缺"印"字，据前文补。

定，非实施教育之时，惟逊清学堂章程，不适于共和国体，宜乘此时，从速草拟新学制，为根本之改革。蔡亟称善，故南京教育部为期三月，部员工作，即分任草拟大、中、小各校学制。其后北京建立统一政府，教育部亦北迁，即于暑假，邀集全国教育领袖，开临时教育会议，就部中草案，议决全部学制。此为开国时教育上之重大事业，发其端者，乃先生也。先是先生偕蔡君至南京组织教育部，仅携会计员一人，及部中草拟学制，亦只聘用部员数十人。值南北议和，北方袁世凯主张以段祺瑞为陆军总长，南方坚主黄兴为陆军总长，彼此争执，历久不决。而一二老成人皆主让步，俾统一早日告成，当双方争执极烈之时，南京、江西军队，因欠饷已久，有哗变消息，各部人员，纷纷请假，教育部亦然，除先生外，只一会计员未去。而蔡君每日出席总统府阁议，早出晚归，未之知也。一夕，蔡君归，面有怒容，收拾行装，拟乘夜车赴沪。先生问曰："公向无疾言遽色，今何故盛怒？"则曰："黄兴小子，不顾大局，只知争陆军总长，致和议不成，妨碍统一。我欲到沪发表意见，登报诋之。"先生曰："不可，此自曝南京政府之裂痕，长袁氏之气焰也。"蔡曰："我决意为之。"先生阻止不获，则曰："君毋躁，亦知部中近日情形乎？"即持灯偕蔡巡视一周。蔡曰："部员何往耶？"先生曰："近日谣传兵变，皆畏死请假赴沪，现留者只有尔、我及会计员三人耳。君若执意欲赴沪，外人不察，亦将谓君畏死而遁也。"蔡曰："如是，我即不行。"后和议告成，北京正式政府成立，蔡君仍任总长，先生任职参事。

　　未几蔡辞职，范源濂继之。民元时约法，阁员必须由总统提交参议院，征求同意。范氏既通过于参议院，自以籍隶共和党，不易对付同盟会，向袁总统力辞。袁曰："尔何怯，但觅一革命党为次长可耳。"范氏乃邀先生密谈，请担任次长。先生曰："我与蔡君，乃朋友之关系，却非党人。"因荐董鸿祎以自代，仍为参事，后范又辞职，汪大燮继之。先生与之意见不合，拂袖南归，仍入商务印书馆。民国五年，袁氏帝制失败，赍志以殁。副总统冯国璋，代行大总统职权，段祺瑞任国务总理。范源濂复任教育总长，重邀先生进部，先派赴国外考察教育。先生遂与黄炎培、陈宝泉等六人，周游日本及菲律宾。翌年，仍入教育部任参事。参事掌管法令，事务清闲，先生得以余暇，留心佛典，与徐文蔚、梅光羲、张炳桢、邓高镜诸居士集合研究，并请谛闲法师北上，开讲《圆觉经》。先生约江味农、黄少希二君，共为笔记，稿成，谛师锡名《圆觉亲闻记》。先生发起请张炳桢开讲唯识，蔡元培时任北京大学校长，得先生之介绍，亦列座恭听。因在北大哲学系设唯识科，请张先生主讲。我国大学之有佛学课程，盖自此始。先生在民国九年，被简任江西教育厅长，辞弗就，留部为编审员。复组织三论学会，请邓高镜居士讲三论，年余而毕。自此于佛学造诣渐深，习静之功，亦与日俱进。

是时，中央简任各省教育厅长，多不能安于位，大率由省议会党派纷歧，见好甲派，即获罪于乙派，进退失据，最后不得不去职。而江苏教育厅长，尤不易为。省教育会既有绝大势力，省议会分金陵俱乐部、正谊社两派，省立各校长亦有联合会。任厅长者，左右为难，或半年，或一年，必辞职以去，鲜有连任二年以上者。民十年时，倡苏人治苏之议，韩君国钧以本省人出任省长。各方面欲得一本省人而向无党派者，任教育厅长。不约而同，咸注意于先生。十一年暑假，中华教育改进社在济南开年会，先生奉部命前往参加。黄炎培、袁希涛二人，自沪赴会，即恳商先生出任是职，先生自以生性戆直，不宜于外官，未之应。会毕，袁、黄二人，同至北京，京中江苏同乡会又开会，一致推举先生。不得已，乃勉允之。于是各方向政府接洽，黎元洪总统即日下令，简任先生为江苏教育厅长。令下以后，苏省人士不论何派，一致发电欢迎。先生出京时，见黎总统请训。黎云："目下中央简任各省厅长，动辄遭本省发电拒绝，或则一部分人欢迎，一部分人拒绝，如吾子之一律受人欢迎者，绝少见之，宜速赴任。"

先生即于七月初到省接任。先生未出京前，江苏同乡开欢送会，在会中宣布教育政见，提出办事唯凭公理，对各方面绝不敷衍，用人以人才为标准，经济公开，亲自赴各县视察数项原则。然到任之日，即被在宁议员包围，有要求荐科长者，有要求荐科员者。接任之后，各属议员竟提出宁人治宁、镇人治镇之主张，应以本县人任省立校长。而以金陵俱乐部议员，攻击南京第一中学校长为最烈。先生大怒，斥之曰："校长之胜任与否，应考其办学成绩何得？以汝曹之迎拒为进退耶？"拍案大骂，直驱议员出门。彼等在省中横行无忌，省长对之且极力敷衍，不料竟遭先生唾骂。及秋间省议会开会，乃提出查办蒋某十大罪状。然正谊社议员，则出而反对，议场大哗，至于墨盒乱飞，其他议案，亦不能开议。正谊派原与金陵俱乐部水火，乃借题发挥，并非有私于先生也。韩省长睹此情状，乃劝告先生云："为官全在敷衍，不宜直情径行。"先生答云："我志不在作官，决定凭理而行，绝不敷衍，合则留，不合则去耳。"既而议员为此查办案，哄闹月余。议长徐某来谒先生，拟作调停，先生不应。提案之朱某不敢见先生，则托实业厅长转恳先生，稍假以辞色，即自动将此案撤消。先生云："向例行政官被议员查办，只有官厅向议员疏通，焉有原提案人反向官厅疏通之理，岂作笑柄。"亦置不理，厥后议长徐某，乃将此案抽去，议场方归宁静。从此，议员对先生不敢正视。省立各校长有先生为后盾，各安于位，苏省教育，日有起色。先生每岁必于年暑假开学后，轻装简从，至各县视察，与各地校长讨论改进方案，并对学生演讲为人之道。某岁，视察及淮阴，将赴涟水，两县交界，正剿土匪，淮阴伤兵，充满医院，淮阴县长坚阻先生勿行，曰："厅长前去，若有不测，此责任地方官负不起。"先生佯允之，翌日不告而去。方进涟水县北门，则东门正兵匪交战时也。先生卒至灌云，登云台山而后返。

南京有内学院，欧阳竟无（渐）居士，在彼开讲唯识。先生与居士约，开讲时间列在上午九时以前，俾便前往听讲。居士以先生在百忙中，尚如此勤学异常，赞叹允之。且于先生出省视察时，即为之停讲。故先生听讲两年余，未尝一次缺席。先生又因东南大学之请，每周往讲佛教哲学，南方大学之有佛教课程，实始于此。先生常笑语人云："余在南京，备有三种人格，一为行政官，二为教师，三为学生。"

十三年，苏、浙两省忽起齐卢战争，实际即直、皖两系之冲突，皖派与奉张携手，占得胜利。是时国会久已解散，法统中绝，段祺瑞自称执政，出而当国，将南京中央命官悉加以附齐嫌疑，一律免职，以沈彭年继任教育厅长。先生与沈为旧友，又在教育部同官多年，急盼其南来，以便交卸，而江苏教育会迭电中央，挽留先生，一面又电沈氏，拒其南下。省立校长联合会，亦继续发电留旧拒新。韩省长亦屡电中央，请先生留任。先生势处两难，欲去不得，曾有函劝戒省立各校长云："方今人欲横流，竞争权利，习见不怪，诸君子当亦怵然忧之，若听鄙人安然离职，留教育界些须恬退之风，或足挽回末俗于万一，斯诚吾侪所宜共勉也。"既而奉军南下，郑鸣之（谦）代韩为江苏省长。

一夕，黄炎培自上海来宁，约先生与财政厅长曾孟朴密商，以为奉军南下，诸事不可为，吾侪在教育言教育，应将教育界设法保全。最要关键，莫如经费。请财厅划出屠宰、卷烟两税，组织江苏教育经费管理处，俾教育经费完全独立。孟朴是本省人，极愿赞成。先生云："此两税在财厅人员，均有手数料，倘欲划出，宜速宜密，不可假手厅员，否则群起反对，事不成矣。"于是三人漏夜往谒韩省长，陈述原委，且云："省长若将此事办成，可在本省留一永久记念。"省长然之，即由先生手拟两厅会衔呈文，亲自盖印送去，省长亦立即亲自指令照准。江苏教育经费独立一大事，乃得于三日之间，仓猝成之。先生于十四年七月解职，回溯就任至今，适足三年。苏省自设教厅以来，厅长在位之久，未有如先生者也。

是时东南大学有易长风潮，旧校长郭秉文避往欧洲，新校长胡敦复为学生殴伤，不能到校，学生则据守校中，争闹半年，不得解决。先生卸职后，见郑省长辞行。郑以东大风潮不息，于彼颜面攸关，强先生为代理校长。先生勿允，郑云："请君为我受屈，否则今日不能出此客厅。"先生无奈，佯允之而归，则聘书已至。先生乃缮一函，将聘书退还，遄赴下关，乘快车避往上海。郑闻先生去，乃云："此风潮不解决，蒋某应负责任。"立命第三科长，夜车赴沪，促先生回。省教育会黄炎培、沈恩孚、袁希涛闻之，亦来劝先生就职。沈以先生研究佛学，再三以忍辱波罗蜜为言。先生亦以曾在东大讲学两年，浮屠三宿，未免有情，遂决意身入地狱，慨然回宁。郑省长拟派警察数十人，护先生进校。先生笑曰："校长就任，乃带警察，宁有是理。"坚却之，独自一人前往。时方暑假，而学生守护学校不去者，尚近七百人，开大会欢迎先生。先生当众宣布意见："我来非为校长，乃维持学校。然我向不喜敷衍，须实事求是，诸位宜安心求学，不宜为轨外行动。从命则我留，不从命则我去。"众鼓掌称善。于是先生整顿内部，筹划经费，校务蒸蒸日上，风纪肃然！十五年春，先生复偕南京校长团，赴日本考察教育，专注重大学及专门，以资借镜。并遍游东西京、横滨、长崎、奈良、神户，在箱根饱看樱花，浴温泉，由门司下关，经朝鲜、大连、旅顺至奉天回国。

是年冬，国民军攻南京，褚玉璞率奉军抵抗，战事极烈。省立各校皆提前放假，东大教职员多托故请假去。先生毅然不动，决上至最后一课。一日，暨南学校女子部主任章绳以来见先生，述及他校可以放假，暨南女生多数华侨，无从安插，将如之何？先生云："盍去联络红十字会，合办妇孺救济所，款由我筹。女生可往所中服务，自利利人，两全之道也。"章唯唯而去。数日

蒋维乔
自述

之间接洽就绪，即以暨南校舍暂改为救济所，先生在东大召集全体教职员学生大会，对众演说："昔罗泽南有言，危急时立得定，方为真学问。吾曹平日所学何事？今日正宜出其所学，应付危局。我校学子有二千人，如一千九百九十九人已脱险，尚余一人，我决不舍之他去。目前办法，男生可组织自卫团，女子可至救济所服务。教职员眷属，无力迁避者，亦可至救济所。"于是人心大安，直至寒假方放学。十六年三月，国民军攻入南京，奉军奔溃，途为之塞。救济所中收容妇女三千余人。先生安处危城中，待校事交代清楚，方萧然而去。

自此先生息影沪上，不愿多闻世事。每岁春秋佳日，则约一二伴侣，遨游名山以娱晚景。十七年夏，光华大学聘先生讲中国哲学，先生覆以书云："年来读书看山，不愿与学校发生关系。"不料十七年冬，先生一生积蓄养老费万数千金，为人亏倒，无以为生。遂不得已于十八年秋应光华之聘，折节重为教读生涯，至今忽忽十余年，不知老之将至矣。

先生为人刚直廉介，疾恶如仇，见善如不及。与人交，披沥肝胆，毫无城府。急人之急，偶有余，则分财与人。常有执友死而无归，先生为之筹款殡葬，恤其嫠而抚其孤，至于成人。亦有远出谋生，托妻子于先生者，则为之筹划教养。先后在上海、北京亲手提挈者，不下数百人。有已获富贵而不复念及先生者，先生夷然不为意也。其在教育厅时，责斥议员。议员中之有理智者，亦称之曰："无欲则刚。"苏省因教育经费不足，征收卷烟税，由财政厅办理，年余，收入仅十万，而支出反超过之。省立校长怪之，请于韩省长，往查账目，则不尽不实。因此为教育专

010

款，要求拨归教厅办理。先生以不谙计政未许。省长谆属勉为其难，先生不获已，允之。节省支出，整顿收入，延会计师规定新式簿记，每日清账，不及半年，而收入达数十万，而支出年不过万余金。财厅人员衔之，议其后曰："此本肥缺，为蒋某办瘦矣。"

先生喜游山，腰脚既健，每入名山，必登绝顶，日行数十里，少壮者不能从也。尝至天台石梁，梁长约三丈，两端削下，中央隆起，窄处不及尺余，无阶级，滑不可履。下视飞瀑，一落千丈，轰声如雷，观者胆栗。先生在梁上往还，如履平地。后先生以六十老翁，游西岳华山，独登东峰之旗亭。旗亭者，在悬崖之下，登者须从崖顶两手攀铁绲，垂直而下。复有铁绲横悬崖腹，其下凿孔，仅可容趾。至此须翻身向右，两手攀绲，胸摩危崖，两足次第著孔而前，俗称鹞子翻身。倘一失手，则粉身千丈悬崖之下。崖腹尽，复有铁绲悬空，直垂挽之而下，方达旗亭。先生则从容攀登，行若无事焉。生平足迹所至，达十余省。惟吉林、黑龙江、绥辽、新疆、四川、云南、贵州、广西、福建诸省，尚未至耳。

先生幼年多病，以静坐之功，恢复健康。中年在沪，为友人怂恿至永年公司保寿险。西医验其体重，不及百磅，与身长不称，则云："两年内必死，不可保。"先生一笑而已。先生为学无常师，凡有一艺之长者，辄不耻下问。喜为实学，不愿以诗文名，然诗文未尝不工。初治词章，后治古文，不立宗派。至晚年，则信笔所之，惟求自在，不尚矜奇。偶为诗，语必惊人，然以为无病而呻，不苟作也。生平注重身心性命之学，由儒而道，由道而佛，豁破愚蒙，妙契真理。每日静坐，四十余年无间断。又习太极拳、太极剑。动静交养，老而弥健。行年六十有九，望之如五十许人，盖修养之效云。著有《因是子静坐法正续编》《因是子游记》《佛教概论》《佛学纲要》《中国佛教史》《长寿哲学》《杨墨哲学》《废止朝食论》《大乘广五蕴论注》《圆觉经亲闻记》《中国近三百年哲学史》《中国哲学史纲要》《宋明理学纲要》等书，刊行于世。

编辑小学教科书之回忆

一 教科书之草创

民元前十五年丁酉，南洋公学外院成立，分国文、算学、舆地、史学、体育五科。由师范生陈懋治、杜嗣程、沈庆鸿等编纂《蒙学课本》，共三编，是为我国人自编教科书之始。然其体裁，略仿外国课本，如第一编第一课，"燕、雀、鸡、鹅之属曰禽。牛、羊、犬、豕之属曰兽。禽善飞，兽善走。禽有二翼，故善飞。兽有四足，故善走。"决非初入学儿童所能了解。印刷则用铅字，又无图画，然在草创之时，殆无足怪。此外尚有算学教科书、物理教科书等。

迨民元前十四年戊戌，阳湖吴稚晖（朓，**后名敬恒**）、金匮俞仲还（**复**）、无锡丁芸轩（**宝书**）、杜孟兼（**嗣程**），在无锡开办三等学堂。诸人分任教职，每日编国文一课，令学生钞读。经过五年，共成七编，名曰《蒙学读本》。前三编，就眼前浅近事物，引起儿童之兴趣。四编，专重德育。五编，专重智育，采辑子部喻言。六编，注重作文修辞。七编，选史汉诸子及唐宋名家论说。民元前十年壬寅，俞复在上海创文明书局，印刷此书。

楷书石印，附有图画，形式内容，均比较美观，故盛行一时。不及三年，已重印十余版；在小学教育界占势力者，五六年。文明书局除《蒙学课本》外，尚有修身、算学、理科等教科书。

二 教科书之完成时期

教科书之形式内容，渐臻完善者，当推商务印书馆之《最新教科书》，此非作者身与其役，竟敢以此自夸，乃有客观之事实，可以证明：一、此书既出，其他书局之儿童读本，即渐渐不复流行。二、在白话教科书未提倡以前，凡各书局所编之教科书及学部国定之教科书，大率皆模仿此书之体裁，故在彼一时期，能完成教科书之使命者，舍《最新》外，固罔有能当之无愧者也。

商务印书馆编教科书之动机，乃在民元前九年癸卯。先是各书局盛行翻译东文书籍。国人因智识之饥荒，多喜购阅，故极畅销。商务印书馆总经理夏瑞芳，见而心动，亦欲印行此类之书，乃谋于某某二人，托买译稿。二人招集略谙东文之学生，令充翻译，译成稿件数十种，售与商务印书馆。夏瑞芳立即付印，不料印出后，销路绝鲜，而稿费已损失壹万元。尔时张元济正办南洋公学译书院，恒托商务印书馆印书，瑞芳以张系端人君子，询以购进之稿，不能畅销之故。张即云："盍将稿件交我检阅。"阅后，知其内容实欠佳。旋设编译所，请人修改后，再出版，在北福建路唐家弄租屋三楹，设立编译所。张即介绍译书院中之同事四五人，为之修改译稿。然苦不易从事，张于是介绍蔡元培为编译所长，以谋改进。依蔡之计划，决议改变方针，从事编辑教科书。此商务印书馆编辑教科书之发端也。

蔡元培任爱国学社经理，不常驻所中。且商务编译所规模甚小，虽有编辑教科书之议，亦不主聘专任人员，乃用包办方法。由蔡元培先定国文、历史、地理三种教科书之编纂体例，聘爱国学社之国文史地教员任之，蒋维乔任国文，吴丹初任历史、地理，当时之代价，每两课酬报一元。编者既乏教授上之经验，即有经验，亦不得从容研究，惟知按课受酬，事实如此，殊觉可笑。及《苏报》案起，蔡离沪赴青岛，遂由张元济自任所长。聘蒋维乔为常任编辑员，并由蒋介绍庄俞编地理，徐寯编算学。半年之间，《蒙学课本》（当时尚未称《最新教科书》）初稿十册告竣；地理、算学亦将成书；另有姚祖晋所编之历史，亦告成一半。是年之冬，聘高凤谦为国文部主任，采合议制，先定编辑之根本计画，依此计画，审查已编成之《蒙学课本》，乃完全不适用。于是由原编辑人重行著手起稿，是为《最新教科书》产生之始。

三　国文教科书之计画

所谓根本之计画唯何？当时之参加编辑者张元济、高凤谦、蒋维乔、庄俞等，略似圆桌会议，由任何人提出一原则，共认有讨论之价值者，彼此详悉辩论，恒有为一原则，讨论至半日或终日方决定者。当时讨论决定之原则，有以下数点：

首先发明之原则，即为第一册教科书中，采用之字，限定笔画。吾人回想启蒙时读书，遇笔画较多之字，较难记忆；故西人英文读本，其第一册必取拼音最少之字。然我国文字，则无拼音，因参酌此意，第一册采用之字，笔画宜少；且规定五课以前，限定六画；十课以前，限定九画；以后渐加至十五画为止。

其次讨论之原则，即选定教科书采用之字，限于通常日用者，不取生僻字。又其次讨论之原则，第一册每课之生字，五课以前，每课不得过十字。又其次讨论之原则，第一册共计六十课，前课之生字，必于以后各课中，再见两次以上，俾便复习。又其次讨论之原则，为全书各册文字规定之字数，第一册每课从八字至四十字；第二册每课从四十字至六十字；三册以下，不为严格限制，听行文之便，若文长，则分二课。第一二册，每句空格，每行必到底，适可断句；不将一句截为两段。

以上为形式方面之原则。

至于材料方面，则选用事项涉于多方面，不偏于一偶。杂采各科材料，以有兴味之文字记述之。各册六十课中：约计理科、历史各占十五课；地理九课；修身、实业各七课；家事、卫生、政治、杂事共七课。备课排比，以各种材料彼此交互错综，无形中前后朕络，以便儿童记忆。各课皆附精美之图画，图画布置须生动而不呆板，处处与文字融和。凡图画与文字，皆同在全幅之内，不牵涉后页。既有以上之限制，于是操笔作文，正如作茧自缚，非常困难；且每成一课，必经各人批判，至无异议始止。

此书正在编辑中，而清廷已颁布学堂章程，乃定名为《最新国文教科书》，分初等小学堂用者十册，高等小学堂用者八册。前此包办之读本，每册百二十课，每二课代价一元，一册之成本，不过六十元；今者所编之书，一册只六十课，而圆桌列席诸人，合之写字及绘图之人之薪水，及制版印刷纸张等费，一册之稿，其成本百十倍于包办之时。及甲辰年十二月，第一册出版，不及两周，销出五千余册，可知当时之需要矣。第二册亦历时一月余方印成，亦单行出版。三册至第十册，则历时两年，全稿完成，陆续出版。同时因出版之教科书，内地教员多不知应用方法，于是每出一册，皆按照三段教授法次序加入练习、问答、联字、造句等，编辑教授法，而教授法销行之数目，渐见发达。

初等小学《国文教科书》十册告成后，接编高等小学《国文教科书》，计八册。其第一、二册程度，与初等小学第九、十册衔接；以下渐渐高深。文字则自撰者半，选择古书及名家文者半。于民元前六年丙午着手，至十二月出版第一册。历两年而完成。教科书外，另编详解，供教员之用。

四　修身教科书之计画

修身教科书之计画；初等小学之第一年，因儿童识字无多，故第一册全用图画；二册以下，始用格言；三册则引用古事之可为模范者；皆每课附以图画。计共十册。教科书外，另编教授法。并按照书中图画，另行放大之挂图，俾教师在课室中应用。高等小学修身教科书，共四册。皆采历史中可以身体力行之事实；并附现代之伦理。教科书外，另编详解，供教师之用。

五　习字帖之计画

初等小学之习字帖，重在与国文教科书联络。其原则即每册所习之字，必取教科书已读过之字是也。兹举习字帖第一册之内容如下：第一册供一学期之用，一学期分二十星期。一、首四星期，先授三十五种笔法。二、第五星期授笔画极简而无转折之字；每日十六字，带温熟字，加入未习之生字五个，皆读本中已读过者。三、第六星期至第十星期，每日十六字，渐取笔画稍繁重者，生字仍加五个。四、第十一星期至第十五星期，每日二十字，生字仍加入五个。五、第十六星期至二十星期，每日二十四字，生字仍加入五个。六、第二十星期内，须将读本中第一册选用之字，悉数写过。第二册以下，与读本联络方法略同。

所编教科书，除国文、修身以外，初等小学方面尚有：徐寯所编之《算术教科书》五册；杜综大所编行《珠算教科书》二册；杜亚泉等所编之《格致教科书》三册。高等小学方面，有庄俞所编之《地理教科书》四册；姚祖晋所编之《中国历史教科书》四册；谢洪赉所编之《理科教科书》四册；张景良所编之《算术》三册，黄启明所编之《珠算》四册。

民元前七年乙巳，又发行《女子初小国文》及《修身教科书》各八册；又《女子高小国文》及《修身教科书》各四册。

《最新国文教科书》虽盛行一时，然仍嫌文字太深。民元前五年丁未，重编初小《简明国文》，《简明修身教科书》各八册，与《最新》相辅而行。又因部章初等小学堂三四年，有历史、地理，又由蒋维乔编《简明初小历史教科书》二册，谢观编《简明初小地理教科书》二册。

当时之圆桌会议，惟在《最新初小国文》着手之时讨论最详悉。第一、二册几于每撰一课，皆讨论至无异议方定稿。至三、四册以后，则由各人依据原则自行起草，草成之后，再付讨论；亦有由一二人先行讨论者。尔时不乏有趣味之资料，如余编及某课时，用一"釜"字，而高梦旦必欲改为"鼎"字，余曰："鼎字太古，不普通，不可用。"高曰："鼎字乃日常所用之字，何谓不普通？"余曰："鼎字如何是日常所用之字？"高曰："鼎字如何不是日常所用之字？"于是二人大争，至于声色俱厉；及后细细分辨，方知闽语呼"釜"为"鼎"，而不呼为"釜"也。相与抚掌大笑。

方今回忆此最新之教科书，已是最旧，且欲觅一全部而不可得矣。然在初兴学堂以后，白话教科书未出世以前，此书固盛行十余年，行销至数百万册。其所以能致此，固非偶然，乃由十余人之分工合作，耗去无数之精神，乃能得此收获也。

（原载于1935年商务印书馆馆刊《出版周刊》第156号）

江苏游记

宝华山纪游

宝华山，在句容县北六十里；其山四面环抱，形如莲花，故名华山，梁时宝志公栖迹于此。故又名宝华山。越千余年而有三昧律师，师之弟子见月，宏阐律法，建立戒坛，遂为有名之律宗道场。清圣祖巡幸至此，御书慧居寺额，即今宝华山之古刹也。余于民国十五年十一月二十日，来游此山，由下关乘沪宁车至龙潭，先至宝华山下院憩息，遇住持德宽和尚，旧相识也，留余在院午餐，并遣人至寺，以肩舆来接。午后三时一刻，乘肩舆行，计十五里，抵山麓，爱其风景，即舍舆步行上山，日暮至巅。有石额一，颜曰"律宗第一山"，前为莲花域，左为环翠楼。进夹道，沿戒公池而行，池中累石如小岛，上有小树数株。池畔有御碑亭，中竖御碑，清乾隆帝御笔也。既而至慧居寺正门，有敕建慧居寺竖额。德宽及知客师密澄，殷勤招待，至客堂休息，啜茗清谈，兼进果饵，晚膳复为设盛馔。饭毕，以月色甚佳，出中庭玩月，虽山中气候寒冷，亦几忘之。戒莲和尚，导登藏经楼后之铜殿，自高眺望，久雨之后，月光分外清明，流连不忍返，殿为明万历中慈圣皇太后勒建，高二十丈，纵横各十尺，四壁皆刻画如来诸菩萨及帝释天人相，而供观音大士之像于其中，皆范精铜为之，今殿及像已毁，仅于壁间，存废铜遗迹，重修者，不过仿其原形，而非铜制也。殿之左右，各有无量殿，一名文殊，一名普贤，皆累甓而成，故名。九时后，乃入室安卧。

二十一日，晨八时出游，密澄和尚为导。先登玉佛楼，楼中供坐身玉佛，约高三尺余，此佛自缅甸国来，缅甸产玉，故雕像颇多。楼前正大兴土木，建筑讲经堂。自此登西北峰，一路茶花满山，其高大者为野茶，不能作饮料，惟子可榨油，供佛前燃灯之用，矮而丛生者，为人工所栽，寺僧每岁采之，焙制茶叶，寺中用以供客者，皆自制之品也。行三里，至拜经台，相传梁武帝会宝志公于此。自台右下，至龙池，池有三，皆蓄小龙，至池畔俟之，并不见所谓龙者，密澄呼庵中老僧出，年已八十，携竿持玻璃缸而来，竿头有网，入水漉之，得一尾，长二寸余，四足五爪，背黑腹丹，腹下有黑点，盖蜥蜴类也。台之东南里余，有黄花洞，洞深约二丈许，内有小池，自洞底以烛照之，折而右，尚深四五尺，俯身方可入，相传为志公悟道处，盛夏黄花满山，状如金莲，故以为名。黄花洞之下，为清凉洞，洞口小而洞内宽大，高可一丈，深称之。折回拜经台，自原路而下，复逾贵人峰，茶花益盛，峰之南有塔院，为南山中兴第二代见月律师之塔。自塔前下行，路径曲折，丛树荫之，山花修竹，到处迎人。十一时回寺，循游廊而转至戒坛，坛在铜殿之下，为方形，见月律师所创，以石筑成，四周雕刻佛像绝精。午刻，回至客堂进膳，膳罢稍休。复出寺，登东峰，修竹益密，弥望皆是，人行其间，惟觉四围翠绕，清气扑鼻。斯时天渐放晴，俯视群山，如波涛起伏于云雾中，时而一片日光，照耀山巅，景状美丽，俨如图画。三时下山，仍回寺。寺僧以面进，略食之，即别而出。乘肩舆行。五时，至龙潭车站候车，至六时半，乘沪宁车行。七时一刻，到栖霞车站。乘藤舆赴栖霞寺，斯时明月上升，如一轮明镜，悬于山头，景物幽胜，殆不可言喻，行二里半，至寺。寺僧招待颇殷。晚膳毕，出外散步，即归队。

二十二日，晨九时，乘肩舆赴甘家巷，观梁碑，别为文以记之。十二时，回寺，在寺左亭中，观唐高宗御制明征君碑。午膳毕，略观千佛岩。因时促，遂赴车站。乘沪宁车回宁。四时，抵下关，乘车回家。

栖霞山纪游

栖霞山本名摄山，在江宁太平门外四十里。以山多药草，可以摄生，故名。又以山形似伞，一名伞山。南齐时明僧绍隐居摄山，舍宅建栖霞寺后人因以名山。唐高宗御制明征君碑，碑阴有栖霞二大字，可以为证。吾友黄君任之作栖霞山游记乃云"南唐隐士曰栖霞，修道于此，故名"。按江宁府志五十一卷人物门云："王栖霞一名敬真，居茅山修道，唐主加号真素先生"是南唐隐士栖霞，乃居茅山而非栖霞山，栖霞山之得名，实因明僧绍之建寺始，与南唐之王栖霞无涉，黄君之言，盖未之深考也。余在江宁，先后两游栖霞，今追纪之：民国十二年十二月二十二日，晨起赴下关，乘八时十分慢车行，经神策门太平门尧化门三站，即抵栖霞站下车，时方三刻也。栖霞站离栖霞山二里半，步行半小时至。山有三峰，而中峰独秀，东西二峰拱抱之，寺在中峰之麓，即南齐时明僧绍舍宅所建，至今屡经兴废，非其旧矣。入寺门，有池颇宽广，名石莲池，唐高宗所制明征君碑，圮卧于地，碑文则完好如新。寺之大殿，只有基址，洪、杨乱后，尚未兴复。至后殿旁屋，小憩啜茗。寺僧出为招待，余嘱令小童引路登山，循寺左西峰而上。有舍利塔，为隋文帝所造，高数丈，有五级，镌琢颇工，塔前有接引佛二尊。其后为千佛岩，随石势高下凿龛，中琢佛像，或一尊，或三尊，或五六尊，或七八尊，大者高丈余，小者四五尺，雕刻精工，于美术上有殊胜价值。按江总栖霞寺碑：明僧绍之第二子仲璋，为临沂令，于西峰石壁，与度禅师镌造无量寿佛！齐文惠太子及诸王等，皆舍财施于此岩阿，磨琢巨石，影拟法身，此千佛岩之所由来也。岩之顶有一龛，贮金佛，曰飞来佛。又有纱帽峰，块石突起，顶平如纱帽，故以名峰。循西峰之涧而上，度春雨桥，得一泉，名白鹿泉，相传昔时天旱，土人逐白鹿至此，得泉，因以为名。再上数十武，石壁间镌试茶亭白乳泉六大字，亭则惟余荒基，泉亦久涸，只留其名。自此而上，至半山，有平坡，昔时驻兵处，尚余残垒。旁得一池，曰饮马池。望见最高峰之顶，红墙宛然，导者曰：此三茅宫也，鼓勇登之，约六七里，至其巅，则豁然高旷，前视诸山如培塿，后临大江之黄天荡，风帆点点如叶，江之两岸，筑围为田，作方罫形，弥望皆水田也。久居城市中，至此胸襟开拓，尘虑尽涤矣。宫中供三茅真君像，有一老道居之，客来则汲水煮茗！余在此稍憩。十一时，自最高峰而下，有岩石奇峭，如截，中通一线，曰天开岩，岩之左有小屋，中贮禹王碑，字皆峋嵝文，乃大禹治水成功，书于南岳衡山者，明代杨时乔重刻于此。复曲折而下，至一平原，导者曰：此清高宗之御花园，然亦无遗迹可寻，惟见石壁上镌云片二大字。对面山石嶙峋，高高下下，有二大石夹立，中通一径，自径斜行而上，得一线天，一线天者，有一大石如圆锥形，中空若龛，顶通天光，故名。自此而下，将至山麓，有巨石矗立，下临小涧，旁有石桥可通，名桃花涧。过涧数十武，有石层叠直立，高低如浪，名叠浪岩。自岩折回，至西峰之麓，有泉名珍珠泉，甚清洌，取之不竭，寺中饮水，悉取于此。十二时，回栖霞寺。登山由寺之左，循西峰而上，归时则由寺之右，循西峰而下。在寺午餐。且向寺僧索栖霞山志阅之。午后二时，乘快车回南京。

　　民国十五年十一月二十一日，自宝华山归，宿于栖霞寺。翌晨，赴甘家巷访梁碑。归后复游千佛岩。寺之景象，与前不同，昔年仅有殿旁小屋数楹，今则殿后藏经楼已成，大雄宝殿，亦正兴工建筑；殿之右有新造碑亭，明征君碑，已兀立其中。惟千佛岩之石像，寺僧因爱护之故，悉以水门汀涂附之，且以朱施唇，以墨画眼目，致造像原形，完全失去，殊为可惜，甚矣寺僧之无识也。西方三圣殿中，有一石观音头，据寺僧言：此在千佛岩为人窃砍以去者，为日本人某所得，藏于家，曩岁遭大地震，某之左右邻居，悉被毁，惟某之家宅无恙，夜梦石观音显灵云："余乃栖霞寺千佛岩中之大士也；今护持汝家，汝应将余头归原处。"某遂发愿，于某年月日，送还寺中云。

江宁县江乘乡访梁碑记

出江宁县尧化门五里，有萧梁墓碑。碑前有巨大石狮，相对蹲坐，而有两翅，称曰飞狮。久欲访之，而忽忽数年，卒未往也。民国十五年十一月二十一日，既游宝华山。乘沪宁车，至栖霞寺宿焉。翌晨，乘肩舆行五里，至江乘乡黄城村东北之甘家巷，则所谓飞狮及梁碑者，赫然峙于道左焉。狮有二，均相离四五丈。其身伟大，高可二丈许。仰首张舌，左右两翅覆身，雕刻为羽形。狮后有二碑兀立，其一碑文多磨灭不可读。碑阴所镌故吏人名，尚有存者。碑前有残毁墓阙。其一碑文全泐，墓阙亦无存。按南史梁宗室传："安成康王萧秀，字彦达，梁太祖第七子，与始兴王同母。薨于竟陵，归丧京师。故吏夏侯亶表请立碑志，诏许之。当世高才游王门者，王僧孺、陆倕、刘孝绰、裴子野各制其文。欲择用之，而咸称实录。遂四碑并建。"今所见之二碑，其文中隐约有孝绰数字可辨者，盖即刘孝绰撰文，吴兴贝义渊正书之碑也。其文字全泐者，疑为裴子野所撰。然王、陆等作，金石家亦从未论及，盖剥蚀已久矣（**严观江宁金石记卷一，王昶金石萃编卷二十六**）于是见乡童为导，前行里许，至黄城村。见田畔有四石狮，各相对蹲坐。有一狮已裂开，一狮头部已断，殁于田中。后有墓碑，额云："梁故侍中骠骑将军始兴忠武王之碑。"按始兴王名憺，字僧达。梁太祖第十一子也。《金石萃编》云："此碑连额，高一丈四尺五寸，广六尺二寸，三十六行，行八十六字。"今观其文，碑额字迹，完好若新，碑文有三分之一可辨。东海徐勉撰文，吴兴贝义渊所书。碑久圮道旁，故拓者绝少。近南京故物保存所，重为竖立，而收买周围之地，将筑亭以护之，方开始工作也。复前行里余，至花林村。亦见田畔有一石狮蹲坐，其一狮已全毁，而墓阙独完好。文云："梁故侍中中抚将军开府仪同三司吴平忠侯萧公之神道。"据《萃编》所载："此额横广三尺八寸，高二尺七寸八分，六行，行四字。"今观其文，乃正书反刻者。阙为棱形之石柱，约高丈余。柱上覆以盘龙石，周围皆镌飞龙，雕镂颇工。神道碑额，即置其上。额上更有棱柱，约高二尺。柱顶有圆石覆之，直径可五尺。四边镌莲花瓣，瓣皆下垂。圆石上蹲一小狮，仰首吐舌，与墓前大狮，形状相同。是盖古时用以标识墓道，故称为神道阙。按吴平忠侯，名景，字子照。梁武帝之从父弟也。盖墓碑久毁，仅存此阙耳。夫梁碑之见于金石记载者，仅此数种，而犹残缺不完。其碑头之下，皆有圆孔，兴后世碑制不同。考古代丰碑之作用，本以木为之。树于棺之前后四角，穿孔于其间，施以辘轳，以绳被其上，所以下棺也。后人渐改用石。复追美君父之功德，刻文其上。树之墓前显见之处，则兴古制稍异矣。今梁碑之有孔，殆犹有古代辘轳引棺之遗意欤！抑金陵为六代皇都，而碑碣之流传者绝鲜。独此残名，犹存留于荒田蔓草间，而供考古家之摩挲凭吊，谓非极可珍异者耶！然则保存之责，殆非异人任矣！

光福游记（二十四年八月补写）

民国十一年冬，赴苏州视察学校。晤老友金君松岑，乃有光福之游。十月四日之晨，同赴西门。登雇定之利泽小轮。到木渎，访袁君幼辛（培基）。在木渎绕行一周。袁君先得松岑信，已雇小舟，预备同游。乃系舟轮后而行。并携行厨，在舟中共餐。肴馔精美，中有松蕈尤新鲜可口！日午，傍岸。同游于羡园。园中布置，曲折幽胜。登楼凭眺，灵岩山全景在目。惜已失修，渐近荒废耳！再返舟，开行，抵善人桥。水大，桥洞小，轮船不得过。余等乃自小舟过轮船，俾得加增重量，吃水较深，乃安然过去。午后二时，抵光福镇。舍舟登陆，寓寻梅旅社。光福乡董李玉卿、申子佩、第一国民学校校长邵立斋，皆来招待，因为时尚早，乃由邵君导游。出社，向西北行数十武，至光福寺。寺在光福山，为梁代所建。后有舍利塔，故亦名塔山。宋时获铜观音像，供奉寺中，亦名铜观音寺。寺后有送子洞，据山之高处登之，可以望东西淹。出寺，再向西北行里许，至三官堂。堂北有水阁之间，面临西淹极湖山之胜。所谓淹，乃太湖之水，汇流山间，淹没而成者也。东西二淹一水可通，中惟隔以石梁耳。堂后复有一亭，登之，更豁然开朗。西淹全部，宛在栏下。淹之三面皆山。其南则邓尉、西碛、铜井诸山，绵延不断，直至太湖口而止。既而光福寺僧，携二手卷来，展玩移时，遂至淹西小筑啜茗。凭栏观淹，仿佛西湖，流连久之而出。折向东南行里许，至湖上读书处。冯桂芬所建。今设第一国民学校于此。自校之后门出，沿西淹行，过石梁，登虎山。山不甚高，顶有平原，上有东岳庙，已荒废。自顶远望，左为东淹，右为西淹，群山环之，风景之美，不可名状！东淹面积，略与西淹等。不过农家筑围成田，致水道日狭，不及西淹之广矣。是时夕阳西下，晚霞映入淹中，上下皆红，荡漾如濯锦，令人低徊不忍去云。

五日，阴雨，不克畅游。拟至山中著名处，作半日之盘桓。

遂于晨八时，乘肩舆西行，邵君立斋为向导。约三里，至柏因社，亦名司徒庙。庙中有古柏四株。曰清、奇、古、怪。形各不同，势复蟠屈。故得此名。所谓怪者，乃经雷火，劈一株为二，倒地复能生根长茂，斯真不愧为怪矣！观毕，出庙。折回原路。再南行，约九里，至元墓山。相传晋青州刺史郁泰玄葬此。故名。今犹存墓碑，筑亭障之。此山面对太湖，登顶一望，洞庭诸山，若隐若现，沉浸于洪波。山上有圣恩寺，规模甚大。为此间丛林之冠！住持中恕出迎，并言今年时节和暖，牡丹桃花，非时齐开。以净瓶插牡丹桃花各一枝，供客。并导游各处。寺后有真假山，在郁墓之侧。此山多土，惟此处奇石突出，嵌空玲珑，故呼为真假山。自山而下，复入寺。登还玄阁，俯视太湖，在几席之间。惜烟雨迷离，不能了了！寺中藏有周邾公牼鼎，为珍贵之古物。中恕出示之，古色斑烂。钟带间有三十六孔，其镌刻为籀文。又有巨轴三，皆长二丈余。一为栴檀佛像，一为西方极乐世界图，一为华严经塔。写全部《华严经》，字迹细若蝇头，为虞山弟子许慧心敬写。河南程眉绘像。余等在寺午餐。餐毕，再出寺西行。路小而窄，且雨不止，舆人缓缓而前。约五里，抵石楼，有古刹。其前修竹成林。临湖有万峰台遗址。登台可望七十二峰，惜亦迷茫不可辨！惟冲漫之峰，距离至近，如在足底耳。午后三时，仍乘舆回。路经香雪海，为早春梅花最盛处。今则深秋，无可观者，故未停。邓尉除香雪海尚多梅树外，他处已砍伐无余，改种桑树。询之土人，则云："种梅利薄，不如种桑利厚。"然桑树到处杈丫山容则因之丑陋矣！三时回旅社即乘小轮返苏州。

云台山记游

云台，古名郁州山，又名苍梧，在今江苏灌云县。其山本在海中，周三百余里，清康熙四十年后，海涨沙淤，渐成平陆。余于民国十二年五月，赴江北巡视淮海教育，至灌云，便道入云台山，在山中七日，遍历南北二云台，并渡海至西连岛。同游者郏勋伯（鼎元）、杨静山（友熙）、钱竹樵（正居）、赵仲方（镇）四君。入山前，得吴君铁秋（绍矩）所著《苍梧片影》，述山中景物颇详，遂携之箧中，晨夕披阅，不啻南针也。

五月十六日。晨八时，动身赴云台山。由板浦至东磊有二路：若经中正集，可省六七里，惟荒僻无风景；若由中正集过太平埝至南城，路虽稍远，然所过各村，风景颇佳，余决取道于此。九时半，行十八里，至南城，原名凤凰城，南城乃俗名也。城周十三里，皆砌以石，为宋元徽中所建以御金者。进城后，至开明小学校少憩。城内有凤凰山，东西二峰相对，如凤展翼，故名。十时半，出北门。折而东北行，经诸吾不流、关中（俗名关里）、凌州、山东各村。至午后二时半，始抵东磊。东磊即石磕山，俗名磊里。自南城至此，计三十余里。登山，道路崎岖不可行，乃舍舆步行而上，历二三里，至延福观，观在两峰之坳，为明代中官所建，后倚围屏山，山石黝黑，骈列如屏，实即东磊之前面，故亦称南磊。殿侧有玉兰仙馆，面对围屏山，其前有玉兰树一株，高可七八丈。殿后为斗姥阁，高踞山半，阁旁亦有玉兰树，高亦六七丈，登阁极目千里，可以望海。东磊全山，上上下下，皆植樱桃，杂以他树。时正结实，到处垂垂，如缀珊瑚，随手摘食之，色香味之佳，远胜市品。余等在观中休息，炊饭果腹。至四时乃出寻三磊石及龙潭之胜。由观前南下，折而东北行约三里，见巨石嶙峋，错倚道侧，中有大石高耸，上阔下削，四无依傍，石纹裂开，如三块叠起，即三磊石也。又前行乱石间，步履益艰，景物益胜，遥闻瀑布吼声，渐见流泉，下注成溪，汩汩石隙间，知为龙潭也。欲穷其源，乃踏石乱流，渡过溪水，循流而上，则见飞瀑挂于石间，下潴为潭，潭水碧色，深不可测；余与赵君重方，攀登巨石之上，坐观移时，留连不忍去，乃更欲上穷其源，绕道至瀑后，则见东磊之水，汇流而下，至山麓，泐石成平面，水流其上，溢而成瀑也。日色已暮，乃循故道而归。顺道访东灌赣垦牧公司经理江君少权（开国），略谈而别。回观，晚餐毕，十时睡。

十七日。晨，五时起，登斗姥阁观日出。惜有雾气，又为一山所蔽，候至半时，始见一点深红，现于山顶，不久一个金轮，完全露出，逼而视之，并不眩目。观毕，回来盥洗，进餐，以备远行。九时，自延福观南下，折而东北行。一路水田苍茫，新秧簌水，为时早于江南。道经小岛大岛之旁，即金蝉大小二岛，昔在海中，今则毗连平地。十时，遇诸麻村。村正对大岛，居民数十家。自村折向西北行，十时半，至石虎。其地有巨石，形如伏虎，张口怒目，为状酷肖，昔在万金湖畔，湖之北为北云台，南为南云台，今湖淤为田，则南北云台，当以石虎分界矣。复向北行，十二时，度黄泥岭。岭不甚高，而路颇逼仄。过岭，沿半边河西行，度江艐（*此间名桥为艐，乃俗名也*）。复折而东行，再折而北，度留云岭，已午后一时矣，留云旧名虎口岭，为入宿城

要道，陶文毅公，改今名，其顶有陶公所书留云岭碑，岭虽较高
于黄泥，然路则平坦易行。二时，至法起寺。寺在宿城山中，建
自汉时，四面层峦环抱，风物幽胜，为淮海丛林之著名者。自延
福观至此，三十余里。住持振亚，原为军官，出家十余年，颇有
任侠气。出素蔬享客，极可口。寺中房屋精洁，且有浴池，余乃
沐浴更衣。五时后，振亚导余出游。遥望宿城山侧，有卧牛岭，
其顶戴石，形似牛眠。步行至寺东里许，得龙湫，溪水澄清，
游鱼聚泳，岩石上镌"放生池"三字，湫畔有龙王行宫。复由
寺后，沿山麓西行。过狮子岩，岩顶有巨石如蹲狮。其西有金刚
岩，巨石陡立，宛若金刚。再西行，至塔院，有松蟠屈如张盖，
大小塔分列，为寺中历代祖师藏形之所。时日已暮，遂寻别路而
归。晚餐毕，至十一时而睡。

　　五月十八日。晨，八时出游。由寺东行，又北度红毛顶而
下，复上，登宿城后山，至悟正庵。振亚和尚已由间道先至，踞
石待我。庵所占地势至佳，惜殿宇荒废，仅存颓垣。庵前有大银
杏二株，巨石磊磊，错峙其下，两旁丛竹茂密，迥非尘境。据云
台山志庵有茶树，风味不减武彝小品，名云雾茶，岁仅得一二
斤，余偶遗忘，未及一观此树，殊可惋惜。在此稍坐，乃偕赵君
重方登山顶，一路岩石怪特，不可名状，松林夹道，绵亘数里，
至其巅，则东南两面，皆可望海，浩淼无际，隔海望西连岛，已
在目前，风帆点点，往来海上，皆岛中居民捕渔船也，海滨盐
田，如方罫形，蓄水晒盐，即淮北票盐之所由出。时天有雨，乃
下山，沿麓东行四五里，至仙人洞。洞在宿城山脚，巨石矗立，
中裂一罅，是为洞口，高不过五尺，阔仅尺余，俯首侧身，方得

入。洞内右方有圆门，突然深黑，钱君竹樵进而探之，约行丈余，复得一圆门，因未携灯火，未能穷其究竟，《志》称洞广约八九十尺，足容三四十人云。时雨益甚，衣履尽湿，乃急回寺。午餐后，各人检点行李。三时，起行，拟赴墟沟，仍度留云岭，沿山麓西行，数里，再折而东，天复雨，舆夫冒雨遄行，至六时，抵墟沟城。墟沟为南固山之大涧，因以名城。

今已圮，俗呼此为北城，凤凰城为南城，明代守要地也。自法起寺至此，约十五里。王君慕陈（同甫）遣人迎接，因住于王君家，主人好客，招待周至，为备晚餐，海物杂陈，别有风味，宾主剧谈，有倾盖如故之乐。十时后睡，枕边闻夜雨之声，淅沥不已。

五月十九日。阴雨已止。晨，九时，出外访友。十时稍放晴。王君慕陈等，导游北固山，出门，向西北行，约二里，抵北固山之胡沟。山亦名舍利，南北二面皆临海，岩石苍翠，松树成林，叶皆浓绿，风物大似青岛，惟人工欠缺耳。在胡沟之尖石岩下，与同游诸君，共摄一影。复北行，至海头湾，登废炮台，极目东海，水与天接，怒潮激海边砾石，澎湃作声，对面望鹰游山，迷茫烟雾间，与宿城山相对，中宽十余里，为鹰游门，海船避风，必由此门入，鸽岛浮海面，如一卷石，渔船数十，排列海滨，真天然一幅图画也。十二时，乘舆回王宅。午后三时，出门，向东行十余里，至孙家山。山在海滨，元时孝子孙通居此，故名。山之东，树林秀郁，西面则怪石突兀，钓鱼台在危岩之下，相传汉萧望之常钓于此，台下石壁数仞，有隋王谟、宋赵东、金宋蟠、明郭铉题名，勒于其上，惜此时正晚潮盛涨没壁，不能从下探视耳，五时半，回。适赵君重方向陇海铁路测勘处，借得汽油船，遂以六时乘之渡海。七时，至鹰游山之庙前湾，天已昏黑，复有雨，携灯登岸。测勘处林理凡（建伦）邵海秋（振洋）王翰时（声灏）三君来迎，导至镇海寺殿侧测勘处下榻。三君招待极周，情意可感，夜雨益盛，卧后枕边闻海潮声及雨声交作，殊爽人意。

　　五月二十日。七时起，出游庙前湾。镇海寺在两峰之间，正对此湾，林壑幽美，昔为大丛林，今则仅存一殿，余地均为测勘处改建洋式房屋，令人不胜今昔之感。由庙前湾迤逦行，至西连岛下，遥望极西有石嘴，伸出海面，如龟伸首，是为龟山。九时，回，偕林君理凡往访陇海铁路机械师罗纳法，谢其慨假汽油船之惠；谈片时，辞出，即偕同人乘船渡海回墟沟，十一时，登岸，至王宅。午后二时，别王君慕陈而行，道经农商部渔业技术传习所，入内参观。复遇板浦盐场，停舆观之，其场就海滨筑成盐圩，纵横作方罫形，引海水灌入，由头道二道以至九道，次第套晒成盐。日将落时，用竹箒扫而堆积之，覆以芦席，累累如丘阜，名曰小廪，此所谓淮北票盐；掬而视之，色白粒大，佳品也。五时，经汉东海孝妇祠，殿宇三楹，中供塑像，殿后有孝妇墓。孝妇窦氏，事姑孝，以冤被杀，史称东海亢旱三年，冤雪乃雨者也。六时，抵新县村，借宿灌云县立第三高等小学校。为时尚早，乃往观乌龙潭，自校出，行约三四里，至焉。潭在前顶山后，涧水汇流至此，为短瀑，下注成潭，阔约三丈，水深青色，坐石观之，历久方去。舆人导至村落间，向村人购食树上之樱桃，且摘且食，饱啖而归。至校，已暮色苍茫矣。晚餐后十时睡。

五月二十一日。晨七时，与三高职教员学生，合摄一影，并对学生致训词。八时起身，出校向西行。八时半，过桃花涧。折而北行，历小村而至大村，憩于地藏庵，僧人以葛粉进，略啜之，即赴海清寺，约行五里，至焉。寺已荒废，其左有塔，凡九级，尚完好。由此南行，约四里，至狮子岩，岩为大村东南巨峰，岩下有泉名曰濯缨，由山崖歕薄悬空下注，名歕水崖，此时水小，未得见歕下之状，明刺史王同题飞泉二大字于石壁，岩下巨石，有唐崔逸郁林观东岩壁纪摩崖，为八分书，字径三寸，完好如新，祖无择三言诗刻，在东岩壁记对面石上，则为篆书，字径八寸，亦完好，又有宋石延年诗刻，在祖无择刻石之右，则大半剥蚀，不可卒读，郁林观建自隋开皇时，今则仅存茅屋数椽而已。余等在绿树荫下，坐憩颇久。十二时，由此北行，再折而东，度飞仙桥，即为登前顶之初步，行数里，至第一天门，自此登竹节岭，磴道纡回盘旋而上，名十八盘，中途有一阙门，额镌"云台西圃"四字，过此，则仰见南天门，引路老农谓："由北面斜径上三元宫，较由南天门可近里许。"遂遵此径仰登，路颇陡削而两旁松林茂密，极幽邃之趣，午后二时，遇通道桥，曲折以抵三元宫，宫正位于前顶，即清峰顶，象气雄阔仿佛泰山，世人即呼此为云台山，独占云台之名，非无故也。自新县至此约三十五里。由宫侧西面而上，憩于屏竹禅院，俗称西竹园，三元宫僧众，有三十六房头，今存其九，屏竹其一也。在院午餐毕，已四时余，即出院东行里许，至海天洞，洞为悟五老和尚所辟，于洞顶建一小楼，净修其中，已二十年矣。洞之南有双松，一本双干，皮淡赭色，枝叶蜷曲，左右下垂，姿势绝佳，名连理松，俗呼美人松，今蟠龙松既毁于火，宜让此美人独步矣。余欲探啸云洞、一线天之胜，屏竹院僧德三，亦不甚识途，但云难行，因在松下稍憩，未几，悟五忽来，对余言："如欲探一线天者，可从我行。"于是皆随之而东，不过数十武，大石矗立，或从或斜，但见石隙，并无路径，乍观双峰对立，上合下豁，有石横互其下，悟五言，"此即啸云洞之口"，拄杖蹲石，曲躬先入，余即随之入，洞内亦无路，惟乱石高下堆积而已，履数石而过，其左右根穹处，有石台，面平可坐，即为洞底，自洞东出，攀藤扶葛，越巨石而上，辗转数十次，皆手足并用，忽见一石斜立，上锐下阔，高及丈余其石平滑，上勒明唐伯元游青峰记，即天然碑，悟五又引余等绕碑后上升，越乱石十数，不能着足，匍匐蛇行，至一线天，两石高十数丈，其上相合露一缝，攀树枝跃下，自其底仰望之，始见一线天光，可谓名称其实，悟五取小石击两石之腹渊渊作金石声，观毕，复攀石仰登，自右转升一线天后，足履横石，即余等初入啸云洞时之立脚处也，回思初入洞后，颠倒于乱石间，经过一小时之久今仍回至原处，为余等足迹所履者，不过周围丈之地，而奇险不可言语形容，余生平登山，所经险峻之地不鲜，而如今日之鼠入穴中，左冲右突，机不可得出者，则第一次也。日已西沉，遂归。路径三元宫遂入内展谒，宫为云台山最大之寺观所祀三元大帝乃道家之神，今则僧聚居之，宫之左为海宁寺，与三元宫同一山门出入。悟五导余观一周，别归海天洞。余等至宫后小径，归屏竹禅院。稍休后，进晚餐。第三高等小学宋校长天愚（球），追踪而止，亦宿于院中。十时睡，夜间有雨。

　　五月二十二日。早晨尚有微雨，渐即晴霁。九时，由院西循松溪而上，有碑题蟠龙丈人四字，为陶文毅公所书，枯根一株，仅存尺余，知为蟠龙松之遗烬也：此松枝干蟠屈一亩余，为东海著名大松，载于志乘，清光绪二十六年正月，宝应人进香至此，爇香插入树穴，致兆焚如，此数千年古物，遂尔云亡，徒令人生凭吊之感，惜哉。十时，度龙松岭，再上，过会仙桥即至望海楼遗址，楼在青峰顶高处，登之可以望日出，陶文毅公改为海曙楼，想见昔日之盛，今日一片平坡，瓦砾无存矣。青峰顶以高度计测之，为七百米突，合华度（营造尺）二千一百尺，余等在此休息。遥望金牛顶，更较高，即鼓勇登之，顶有大石横卧，下有碑碣，镌"钩腰石"三字，登绝顶，望北海中神山，渺缥可见，临洪河为带，直通海口，金牛顶高于清峰顶一百五十尺，为云台山之绝顶，十二时，自顶南下，至玉皇阁，稍憩啜茗，阁在清峰顶上，高于三元宫，昔废，今正兴工重建。自阁而下，历陡级数十，至水帘洞，洞门为三角形，其上石壁如斧壁，洞中左右，为两方池，前有方井，泉水之深，皆不过尺余，然冬夏不竭，掬而尝之，味颇甘冽。水帘之右，有团圆宫，宫内有碑，上镌明神宗颁赐藏经敕文，今藏经已零落不全，有一部分存于法起寺，殊可惜也。十二时，回院，午餐后，稍休。三时，至三元宫库房，观所藏珍物，有御赐金佛三尊，天官、地官、水官及关帝玉带，共四组。古铜掠发一，玉杯玉环各一，铜爵八，明万历三十一年，颁赐之万佛衣千佛衣各一，又颁赐瓷钵一，龙凤碗二，三十九年颁赐藏经之墨敕亦在焉，又有清康熙帝所书遥镇洪流匾，皆装潢成轴，以木匣盛之，诚可称镇山之宝也。观毕，由宫出，历级南下，至九龙桥，桥在竹节岭下，九涧汇流，故名。其下有九龙庙。其上为接引茶庵，位于岩畔，林木郁森，同人或坐桥栏或卧石上久而不去。前顶风景，当以此为最胜。自桥而下，至南天门。登前顶者，由第一天门，经十八盘，仰见一关，耸峙山半，即为南天门。登此一望，众山皆小。余等来时，乃绕道而上，未经此地。门内有关帝庙，入庙啜茗。日色将暮，仍自九龙桥原路而归。晚餐毕，寺僧悟五、德三以宣纸来索余写对联，余向不习书，以无可却，乃信笔乱挥却还可观，顷刻之间，挥洒数十纸。十二时睡。晚有雨。

五月二十三日。天色放晴，此游在山中八日，往往晚间有雨，日间即晴，日光不烈，道鲜尘埃，此等佳境，亦向来入山所未有也。七时起，准备动身赴东海，又为寺僧写联数副，十一时，启行，遵来时原路下山。午后，一时，至大村地藏庵，郏勋伯、钱竹樵、赵重方三君，于此分路回灌云，余与杨君静山，则向东海。至灌云边境，王翯卿知事已派肩舆来接，乃换乘之，入东海之临洪镇，便道观省立第八工场。四时，至新浦，自前顶至此，约三十余里。遂往海丰面粉公司。王知事在此相见，公司备午餐，为余洗尘，复参观磨面厂一周，即乘舆行，十二里至东海北门外鸿门，沈氏别庄住宿。赵君理斋、沈君运青，招待殷勤，晚间饷以蜀黍粥，佐以面物蔬菜，极可口，乡间风味，城市人所未尝也。此地有园林，空气甚佳，夜间寂无人声，睡眠极酣。

苏省大江以北，自淮安至清江，皆系大平原而无山，独至苏鲁交界，而云台山特起于海滨，雄壮秀美，兼而有之，允宜为江苏名山之冠，惜地处偏僻，游者鲜至，数千年来，正如高人逸士，隐处海外遁世而无闷焉。今则陇海铁路终点取道于此，云台之名将大噪于世界，不问可知，山川之显晦，盖亦有其时哉。

阳羡山水纪胜

宜兴古称阳羡。距吾邑武进百里而遥。山水之胜，甲于东南。忆逊清光绪末叶，轮轨未通，余会为访友故，买棹至宜。流连于城畔之西溪，因事所羁，一日即返，未能蹑屐入山。由是青山绿水之影，留诸寤寐间者，忽忽不知几十星霜矣！近岁息影沪滨，老友储南强，既经营善权、张公两祠，屡次约游，亦未能践。己巳之春，中隐寺可禅退居来沪晤谈，余时忽动游山之兴，遂兴之约。以孟夏某日，登沪宁车至无锡，再乘小轮赴宜兴，朝发夕至。宿于东门外之中隐寺。次晨，乘肩舆，由可禅伴同入山，抵铜官山麓之芙蓉寺。居山月余，择晴和之日出游，而以芙蓉寺为出发点。游踪所及者，为铜官、芙蓉、龙池、磬山、善权、张公两洞。清水玉女二潭，于阳羡全部之山水，不过十得二三，依次录之，名曰纪胜云尔。

芙蓉山

山在宜兴县南三十里，即铜官山之南麓。众峰攒簇，望之若芙蓉，故名。山下有芙蓉禅寺，为唐大毓禅师道场。大毓金陵人，于元和中卓锡芙蓉。襄阳庞居士，会三次访之。后人为筑来来亭及三到亭。今寺前东西两涧水奔流之处，尚有亭之遗址焉。寺南里许，有两洞。曰天井洞，深浚如井，今堙。曰三郎洞，洞口有半身石像，殆所谓三郎者也。寺负山面水，绿林修竹，夹涧森立。有三石梁，跨东西二涧之上，宛如鼎足。游人不至桥边，初不知林木邃密之中，有深藏之古寺，其幽秀可想矣。寺于洪、杨之役被毁，近始修复。至可禅住持时，始大兴土木，重整旧规。今之住持溥鉴，可禅之法子也。监院名莲开，与余相见，皆如夙契。芙蓉山顶，大石累累，如蹲如踞，而大势圆耸，俗呼雄鹅头。颈后有石耸起，名驼峰。鹅头、驼峰之间，相距丈余，夹立如门，中通一径，凡自芙蓉登铜官山者，必绕此而上。余与莲开登芙蓉山即取径于此，迩时山麓气温为摄氏表二十五度，顶上气温为三十一度，高五百米突，约合营造尺一千五百六十余尺。

铜官山

山在宜兴县西南二十里，原名君山，以其为一邑之主峰也。自秦以来，于此设官采铜，故名铜官。阳羡山脉，自浙之天目而来。重峦叠岭，其山之有名可指者，不下百数十。而无名者，尚不知凡几。若欲穷其胜，恐累月不能尽。而以铜官山为最高。余偕莲开，自芙蓉寺后，寻小径而上，行约十里，越芙蓉山而登铜官之顶，顶平坦而东西狭长。极目远眺，心胸为之开豁。北则宜兴全城，宛在足底。东西二㲼夹之，历历可睹。南则万峰层叠，如障如屏。善权、张公二洞，龙池、石磬诸峰，皆可指数。西则句、溧诸山，蜿蜒不断。东则丁、蜀二山，近在咫尺，太湖亦隐约可见。山顶有茅篷三：曰中茅篷，额曰云雾寺。曰东茅篷。曰西茅篷。云雾寺屋宇尚朴古。东西二茅篷，则仅破屋数楹而已。然山之最高顶，乃在西茅篷。其前气象开展，了无障碍，即密云禅师悟道处也。有半月池，池中产蜥蜴，俗称曰龙。储南强昔年因邑中大旱，独自登山，露祷于最高峰，历三昼夜，竟得甘霖。

今其坛址，山僧尚能一一指点也。测其高度，约五百五十米突，合营造尺一千八百余尺。气温摄氏表二十八度。

自山顶北下，复上攀绝壁。约行五里，至善行洞。为唐稠锡禅师之子，善行尊者，焚修之地。洞深约三四丈，其中就石为林，为昔时坐禅之地。其前为善行庵，今名选佛禅院。清同治十二年重修时所改称者。今之寺僧，乃讹称善行洞为然昂洞，可为数典忘祖矣。院后另有小洞二。其左一洞为水洞，泉流终岁不竭。县志所称右洞左池，岩石如盖者也。

自院前循山径而下，有鹅子洞。洞门有二，其右另有水洞，洞顶石盖锐出，如虾蟆张口，俗呼虾蟆洞。再下数十武，有朝阳洞。一僧居之，洞深三丈余，其底有水汲而饮之，甚甘洌。

于是循原路而回，啜茗进点于云雾寺。僧人性空，独居于此。日夕持诵《法华经》，与之语，有道气。自芙蓉寺登铜官，往返穷一日之力。铜官之得为宜兴主峰，以其高，亦以地势之适中。而其胜处，则当推山前之宝圭台及山后之善行洞也。自东麓登山则必经宝圭台，余登自南麓，故未及见。

龙池山　磬山

龙池在宜兴县西南七十里。余自芙蓉寺乘肩舆而往，可禅、恒海，伴余同游。恒海即龙池山澄光寺之退居也。龙池有大森林，长约四五里。松树为多，故进山之路，称曰松巷。竹林亦极茂密。宜兴各山之森林，当推此处为最矣！登山有亭，中悬两额：前曰从云亭后曰禹门。由此再上里许，至澄光寺。寺名乃清康熙年间敕建时所改，旧名禹门禅院。寺依山建筑，渐上渐高，房屋百余间，规模宏大。向有上中下三庵，今之澄光寺，乃下庵也。恒海领导参观一周。大殿之后，有藏经阁，贮明代南北藏经各一部。旁有禅堂及祖师堂。堂中有幻有祖师及密云悟祖造像。方丈室外，有晓云石，此石在天阴时，有蒸气上腾，故名。恒海于石下引泉作池，其上覆以竹栅，绕以藤萝，一经点缀，便觉可观。在寺午膳，设馔甚盛。膳后余欲登绝顶，恒海云："自龙池赴磬山，必逾巫峰岭。岭道陡峻难行，人咸畏之。今既欲登龙池之顶，复须自顶下，再登巫峰一降一升，费力更多。不若经由龙池山顶，东北绕行，越过岭头十余而达巫峰之顶，可省一度之升降。但此路向鲜人行，荆榛蔽塞，能不惮艰险否？"余曰："游山带有冒险性方有趣味。"决从其议。由寺右登山，经禹门祖塔。禹门者，即一源禅师，为龙池开山老祖。元至治间，于绝巇巨石间，架屋盖茅以居。有屋三楹，中塑大士像。今其遗址，犹称大士庵也。自塔右再上，于路侧丛树间，攒行数十武，得一洞。洞门虽小，而其内甚宽，深可五六丈。洞前皆竹林，风景幽绝！在此静修最宜。俗呼虾蟆洞。恒海以其不典，改名"空空洞"，列为龙池十景之一。再上里余，为中庵。庵亦久废，今有大苍头陀，构茅屋居之。大苍本军人，出家后专修苦行，禁语已三年。余等入内啜茗，招待甚恳切，皆以手势代语。庵之东西，各有龙池，中多蜥蜴。更上至绝顶，则有上龙池，围可二丈。岁旱则祷雨于此。洞官山顶亦有龙池，而此山乃独以龙池著称，殆以池较多，蜥蜴之产亦较多耶！

绕山顶右行，逾分宾岭而下，仰望岩石岝崿，凌空横出，层叠如云，曰白云岩。岩脚窄处，仅可容足。昔时于此架空筑阁，曰凭虚阁，今则圮矣。更绕白云岩而前，有拜经台，为幻有禅师所筑。盖因其师乐庵老人，晚年居磐山。此台地势既高，遥望磐山，了了可见。老人有所须，不必呼召，但于山上举物作记号，禅师一见，即趋赴之。故恒于此拜经也。幻有禅师，名正传，明代人。有四大弟子，曰：密云悟天隐修、雪峤信、抱朴莲。密云、天隐，道行于扬子江流域。抱朴道行于黄河流域。雪峤道行于珠江流域，并及南洋。而为清顺治帝所尊敬之玉林国师，木陈禅师，一出天隐之门，一出密云之门。由是知明末至今三百余年，佛教临济宗支派繁衍，皆自幻有一派传流。而宜兴诸山，殆为佛教之中心，龙池尤为诸山之中心，可想见其盛矣。由拜经台绕岩腹而西，得一洞。高约五尺，阔二尺。中有老祖一源禅师碑。号伏虎岩，今俗名老虎洞。《志》称一源禅师居龙池山，有白虎驯伏者是也。由洞再右转。岩石断处，缚竹架石通之。俯视下方，竹树茂密，绵长十数里。万峰折叠，如浪纹。更由拜经台侧，猱升绝顶。有龙井，围不过三尺，其深则不可知。绝顶有井，且岁旱不竭，亦足奇也。顶高五百三十米突，约合营造尺一千七百尺。气温则山麓山巅，同为摄氏表二十八度。

由龙池顶，向东北绕行，路皆荆棘，高过人头。或俯首攒进，或双手劈分而过，皮肤被刺而见血，以好奇心胜，不暇顾也。恒海持镰当先，披荆斩棘以为导。有时亦误入歧途，则审察方向，折转再行，自上而下，复自下而上。历二小时，逾岭头十五，方达巫峰岭脊。舆人及空舆皆在焉。舆人窃窃私语，谓余瘦弱，行此险路，将不胜其苦！实则路愈险，所见之奇景愈多。余乃兴趣勃勃，而可禅体特肥重，今日为我所累，乃暗自叫苦矣！余赠恒海一联云："伊何人哉，侠骨慈肠真释种，赖有子耳，披荆斩棘到巫峰。"盖此道即走遍阳羡各山之人，亦从未到过。非恒海之勇，不能办也。稍休，即下岭。乘舆行，至普目禅院。院有磬山之下，为寂照寺之下院。住持耐冬，今晨已自寂照来候于此，迎入休息。房室布置，极为清洁。出菉豆粥及素蔬馒头饷客，甚精致。而尤以竹鞭笋为最美！未几，磬山崇恩寺住持朗文，亦下山来迓，遂共登磬山。有泓化泉及限门之胜。夹道竹林之茂，亚于龙池。行里许，过慈惠桥至寺。退居汉禅亦迎于门，由殿侧进后堂，啜茗休息。

磬山亦名石磬，在县南五十余里。其形如磬，故名。明天启间，天隐修于此建道场。今额曰："敕建崇恩寺"。寺在山麓，其前门则俯瞰象鼻峰。地形由阔而狭，向左弯曲下垂，极似象鼻。寺之南有洗钵池，为天隐祖师洗钵处。对面之岭，高与磬山等。松林极茂，曰万松岭。岭下为武陵溪。寺中新建大殿，甫竣工。殿右有天隐祖师造像。殿后房屋，均在拆卸改造。汉禅导余游览毕，仍回后堂茗谈。在寺洗浴更衣，晚餐具馔至精。菜有竹鞭笋，鸡冠蕈。皆产自本山，外间所不可得者。席散，张灯下山，宿于普目禅院。

龙池高出群峰，与铜官相伯仲。而以白云岩为最胜。磬山则幽深曲折，与龙池面目，又是不同。惜余到山已迟，未能登其巅也。

善卷洞

洞在县西南五十里国山东南。其山名龙岩，由芙蓉寺西行十余里即至。洞为尧时善卷所居，因以为名。今俗作权，避萧齐宝卷讳也。洞凡三：旧称乾洞、大水洞、小水洞。自吾友储南强经

营数年，就天然奇景，加以人工，改称为：中洞、上洞、下洞、
与后水洞为四矣。昔时所不能深入之处，今皆可随意登涉。洞前
新筑一讲经堂，红瓦碧窗，突现于众山之间，数里外即望见之。
僧人遥指云："此即善卷也。"堂后数十武，有屋两楹，为茶
室，亦新盖者。游人至此，先啜茗休息。然后命童子携火把，各
人秉一炬，由室后历阶而下。先至中洞，洞门高广，天光透入，
不须燃炬。有巨石当门挺峙，昔称石柱，今改名"小须弥山"。
山顶以水泥塑一接引佛。山之左旁，镌"伏虎须弥当洞口，青狮
白象拥莲台"二语。山后塑地藏像。在此仰视洞顶，渠渠若夏
屋。步之深可二十丈，广可四丈，足容千人，故亦称"石室"。
今复以水泥铺之，益觉宽平。洞顶镌"大会堂"三字，字后复塑
佛三尊。洞之左右石壁，皆钟乳结成，形状奇诡。左壁镌"龙岩
福地"四大字。下为弥勒崖，有弥勒佛，袒腹趺坐。更有四天王
像，其中一尊已毁。崖底有池，形如秋叶。再进为观音莲台，石
条错落，垂垂如瓣。中间一瓣悬空直下，约长四五尺，就其上镌
"观音海岛"四字。于其两旁，就石之姿势，塑观音六尊，中央
一尊已毁。再进有巨石，酷似立象，其鼻垂至洞底，镌"象王"
二字。上塑普贤菩萨像。再进则石隙有水，滴沥而下，凿石为六
小池以盛之。池畔筑平台，护以曲栏。右壁镌"万古灵迹"四大
字。其下有二曲阿相并，前镌"鹤寮"二字，后镌"鹿房"二
字。有韦陀塑像。再进为罗汉床，像已毁。再进有大石，如狮张
口，镌"狮王"二字，旁塑文殊菩萨像。狮王恰与象王对峙，真
造物之化工也。狮王之下，有石如鹿，镌"仙鹿"二字。再进为
十八罗汉。其下有池，如半月形。此左右两壁之奇景，皆在石室

中。上下通明，游览至便。进大会堂后，即深黑，是为上洞。

于是各人燃炬，童子秉把为导。循石级而上，约数十武，有石柱，大可数围，直接洞顶，名通天柱。更有挂石，长约六尺，横约十尺，下展如巨翼。此外就石形任意取名者。曰石蝙蝠、石龙石凤，不可胜计。亦有数处，石乳正滴滴而下，渐结成形者，则称滴乳石。洞内为蝙蝠所栖。其大者展翅盈尺。游人至，则鸣声吱吱，掠衣而过。昔之秉炬入洞者，不过数十步，即止不复进。今则以人工开凿，就洞腹为转楼，铺以水泥，缭以石栏。其近洞口处，则架桥通之。乃由石级登楼，凭栏俯视，洞口天光射入，可窥见洞之全形。过桥向左，洞壁下亦有滴水池。就石凿十三孔，其大者径可二尺余。池前有广场，长可二十丈，广可六丈，较大会堂更宽。冬日来此，洞中有香雾蒸腾，可解衣磅礴卧其中，所谓云天雾海者此也。

自上洞而下，仍由中洞出，向西南循石级而下，约八十步，至下洞（即大水洞）。洞适当中洞之下，有如层楼。其口虽不若石室之高广，亦通天光。其前山水奔流如瀑，冲激乱石间，声若轰雷，汇而为湫，曰壑雷音。建一石梁横跨之。在此观瀑最宜。洞门有悬石若拳，长可五丈，拳端有水下滴如檐漏，曰佛拳。中洞之小须弥山，则平地拔起。此则凌空下垂，两两对照。而上洞之通天柱，则又上下接连。三者各各不同，叹为奇绝！洞之右壁下，亦天然滴乳为池。池孔层叠而上，不下数十，至此则燃炬而进。有水泥所建小桥凡三，有三级石塔及石经幢。腹就洞腹，以水泥作阶级。循级而上，可向外望。自级下探，足底水声汹涌如怒涛，至洞底则全为水。此水通过岩腹而出，其出口即后水洞也。《县志》称下洞中，石田皆成疆畔，高高下下，水满其中。今则以水泥铺地，架桥通至洞底，游览至便。惜去年之秋，山中发蛟，大水没洞，将洞前石梁及洞内小桥，一律冲毁。石塔石幢，亦倒卧路隅。此次游洞，但见乱石堆垛，无路可寻。水流石滑，履之摇摇欲动，极难着足。反不若登铜官、龙池之壮快。闻此项工程，如欲修复，须五千金云。

由下洞出，再至茶室，休憩片时，即向西南行。逾一山冈，冈上建有八角亭，可游息眺望。冈下即后水洞也。洞顶飞岩突出，门如偃月，泄出下洞之水，流为长涧，溉田可数千亩。就涧上建石梁，涧左依山势筑半亭。右有四方亭。亭中竖古碑，镌"碧鲜庵"三大字。即相传祝英台读书处，今为善权禅院之侧门。《志》称祝英台与梁山伯，读书于碧鲜岩，号碧鲜庵。南齐建元中，就其古宅，建善权寺，即今之善权禅院也。

善权禅院　国山碑

善权禅院，在县西南五十里，国山之东。凡游洞者多憩于此。清康熙时玉林国师会为住持，未数月即去。以其法嗣白松为主席，因故与当地陈氏龃龉，被陈氏族人举火焚寺，白松投火以死。乐庵老人之塔亦被掘，几兴大狱，即此地也。余游洞毕，在此午餐，餐后略休，即往观孙吴时之国山碑。出院向西南行约三里，抵国山之麓。循小径而上，碑在焉。碑高丈余，围约一丈三尺，其形椭圆如鼓。文多剥落，字体兼篆隶。今筑亭以护之。吴孙皓时，相传此山有大石自立，皓侈以为瑞，遣司徒董朝，封离墨山为国山，立石颂德，即此碑也。碑实在山之南麓，后人遂呼此地为国山。又因董朝所封，故山亦呼董山，碑呼董碑。孙吴时碑文之流传迄今者，惟此与天发神谶碑耳。故为金石家所珍视焉。

张公洞

洞在张公山下。所称张公，或谓汉之张道陵，或谓道陵四世孙辅光，或谓唐时张果老，传说不一。道书云："天下福地七十有二，此居五十八，庚桑公治之。"双亢仓子序亦言之。道陵、果老，则已在庚桑之后，此吾友储南强所著洞略，正名为庚桑洞也。余宿普目禅院之次晨，即游斯洞。自普目至此二十余里，耐冬、朗文、伴同游览。洞前为朝阳道院，其西有洞灵观遗址。规模甚大，今仅存三星石门而已。道院即洞灵观之一部分。清初有道士潘朝阳，于此得道，故改名朝阳。洞之历史，属于道家，今则僧人本修居之。洞右有会仙岩，岩下有亭，亭中植立甘泉精舍碑记。碑高约丈五，为方柱形，四面镌文字。明嘉靖间，湛若水所书。亭后则甘泉池也。在朝阳道院休息后，即由本修携炬前导游洞，洞门外有亭，额曰："洞天锁钥"。洞为前后，今则由后洞燃炬而入。凉气透肌骨，甚于善卷。洞顶深黑处，蝙蝠亦更多。自左盘旋而下，复折而上。壁间有宋人石刻。再循石级以登，旁有石隆起，曰"鳌鱼背"。举首仰视右洞之顶，亦有石刻诗一首云"爇火访灵仙，虽非出洞前，他时丁令到，为报大罗天。"旁署刺史卢元辅。再进叩大罗天，有石台。广可十丈，纵半之。台前三面为削壁，一面有磴道数十级，赴前洞则必由此。

甫进前洞，即自狭而广，自小而大，自暗而明。气势开豁，有水有桥。石钟乳结成之景物，垂垂洞顶，至为奇丽！与善卷之石室，各呈其妙。其最神妙者，即大罗天左之洞底洞，及右之洞中洞也。余等先进洞底洞，洞门仅如窦，直探其底，有石柱大可数围，色泽温润如玉。柱底为泉，莫测其深。此洞系人工新开，洞底之水，则储南强祷于洞神而得者也。折而左上，为小西天。有唐人许浑石刻。复自右进洞中洞，逾一小桥，曰"碧雨桥"。洞口石上，镌"曲径通幽"四字。过小鳌鱼背，见右旁石上镌"洞中洞"三字。自背下，复折而右上。仰见洞顶，有小圆孔，天光透入，曰一点灵光。出洞中洞，历级上升，则锐石高下错峙，曰"大璎珞门"。豁然开朗，已近洞之前门。门为两片大石所成，上合而下开，曰"天门"。出天门，自左下，有横卧巨石七八，其中有二石相并，而中可通行者，曰"夹谷"。游毕，仍绕至后洞门外，由亭而出。饭于朝阳院。

就余所经之名山而言，浙之雁荡山，著名之洞，不下十数。且洞内皆通天光，其大者且可于中建造寺宇，然洞中奇景，不过一二，未若善卷张公之多而萃于一处也。至北平上方山之云水洞，凡有四进，深可六七里，内中钟乳结成之奇景，多至百余，其伟大诚非善卷张公可及！然全部黑暗，洞口甚小，须匍匐蛇行而入，游者却步。善卷张公则前洞皆通天光，游者乐趋，此则非云水洞所及！将来宁杭汽车道筑成，交通便利，吾知二洞必占有世界风景之资格，可无疑也。

清水潭　玉女潭

清水龙潭，在县之西南，余自芙蓉赴龙池时，绕道观之，潭之直径约三丈，其水澄澈，自地中涌出。探其上游，乃不见来源，无论旱潦，不增不减，冬日则热气升腾，灌溉之田，可数百亩。故此方人民，即遇荒年，收成总佳。

玉女潭，在玉女山之巅，离张公洞约二里。余自普目赴张公洞时，先往观此潭。唐权德舆所称阳羡佳山水，以此为首者也。潭在绝岩之下，水作碧琉璃色，广约十余丈，深则不可穷。自唐以来，名人题咏甚多。明嘉靖时溧阳史恭甫，建玉光阁于其上。又建玉阳山房，文徵明为之记。记中历叙之胜景，殆不下数十。当时盛况，概可想见。今则蔓草荒芜，遗迹渺不可睹，仅池左有《玉女潭碑记》。壁间镌有玉女潭亭趾短文一篇。徘徊凭吊，不胜今昔之感矣！

马迹山纪游

马迹山在武进县东南九十里，四面环太湖，七十二峰之一也。余生平好游名山大川，足迹遍十五行省，独于吾邑则缺然。固非舍近图远，实因故乡无好湖山，此念横互胸中而未去也。池君宗墨，瓯海人。独与吾常有缘。在戚墅堰办通成纺织厂十年。每抵沪辄谈马迹山之胜。邀余往游，余诺而未行。癸酉之夏，校中暑假，池君以车来，接余共登京沪车，赴戚墅堰。信宿厂中，得以参观制棉、纺纱、织物、漂染、修理准备、摇纱、整理各间。纯然利用废棉、废丝、废毛、制成日用物品。备极优良，管理完密，处处合乎科学。而尤注意于劳工福利。有医室、学校、合作社、公园，余别为文记之，此篇之作，则专记马迹山风景也。

七月四日晴。晨七时一刻，乘厂中汽船行。同行者池宗墨、汪惺时、丁雨亭、章则汶四君。汪君自温州来厂参观，临时加入者。丁章两君，厂中职员。丁习林学，章善摄影，自通成至雪堰桥，计六十里。经虞桥、洛阳、戴溪桥、天井桥、周桥，计三小时可达。乃因临行时，遗忘大皮箧一件。至戚墅堰，船乃开回。故至雪堰桥，已十一时一刻，多费去一小时。登岸，至吴顺兴饭馆午膳。此镇旧属常州阳湖县（今并入武进）。吴君稚晖之故居在焉。其地人民口音已近无锡。稚晖少时，至阳湖应童子试，邑人疑为冒籍，群起殴之，稚晖憾甚！终身口称："我里无锡。"此事甚趣，世人多不知之也！镇上市街窄溢污秽，一刻不可留！匆匆饭罢，雇湖船渡湖，船价一元二角。午后一时开船，雪堰桥至湖边，地名新村。计九里。湖边至马迹山之古竹湾，亦九里。今日因风不顺，至三时半始到。雨亭先往区公所接洽，区长丁君稚圭适赴常州，由职员许君自新招待，派役人来取行李。余等即至区公所，盥洗休息。拟即刻登冠嶂峰，嘱区役导往。出公所，向西南行，抵水平王庙。庙在分水岭。相传水平王为后稷庶子，佐禹治水，诲人浚道，后世祠之。自此登三冠嶂，乃樵者所行小路，荆榛塞途，刺足出血。山腰岩石陡削，更难着足！及顶，乱草丛生，没及膝盖，无路可寻。导者云："游人多不至此！"然登顶望太湖，则心胸渐为开拓。复鼓勇登二冠嶂，其难行如前。及顶，则望见太湖，境界愈阔！同人有欲折回者，余曰："登山必至最高峰。"然时已将暮，乃疾登头冠嶂，至此则全湖在目。北之古竹湾，南之庙渎，东之雄王嘴，西之西青嘴，了了可数！全山略为半圆形，其南面皆水田，湖沙所冲积也。盖冠嶂乃马迹山之主峰，自麓至顶，计六里。惜余所携测高器损坏，不能测其高度，至为遗憾！由头冠嶂而下，抵新城，经水平小学，此校为公立，有初高两级，规模较完备。校旁为大有公司第六制种场。归区公所时，月已东升矣。丁区长之兄礼庭，特来招待，引余等至区长家中晚膳，肴馔甚丰，并出陈酿。宗墨饮之大乐。余出罐头素菜食之，膳毕还所。因蚊虫甚多，即在厅事张行军床五架，燃蚊虫香而卧。

七月五日晴。晨七时出发，丁君礼庭引导。循水平王庙，折至神骏寺。寺在秦履峰麓，唐贞观间杭将军恽舍山建刹，名小灵山。宋改称祥符寺。清康熙时御赐神骏寺额。今有康熙乾隆御书各一幅，及御赐绿端砚，存方丈室中。寺左有宋代榉树，高十余丈。在寺前稍坐品泉，折回柴泉。泉旧名吴井，深尺许，旁有潭，径可五尺许。井高于潭约二尺，皆不盈不涸。下流入大浃，由柴泉向西行，水田千余亩，秧针新绿，碧树间之，戽水茅亭，疏疏落落，天然一幅图画也！逾书山，至嶂青，登韩山岭。折而北至养鸡场。场为沙某所经营，其人不在山，仅用工役管理，闻开办费一千余元，鸡为中外交杂种，皆白色，共四百只。嶂青人口约三百，柴泉约二百，地当马迹山之中心，为繁盛之区。逾岭赴西邨山岚重叠环抱，有高大之森林，行其中，虽夏日炎炎，并不觉热。云居道院，红墙隐隐，藏深树间。今俗称神仙庵。相传为葛洪丹室。院东有葛仙井。广约三尺，深倍之。余等在大树荫中草地，铺席而坐，合摄一影。遥见老树根前，系有农家所畜山羊两头，乃牵之来，摄入影中。礼庭云："山中大姓：丁、杭、秦、张，杭姓人口较少，其余三姓，则人口较繁。"由西村登蜈蚣岭，右为当武山，左为龟山，其上即雁门湾。湾南为蛇山，与龟山连接。湾为山之最西境，其内水田百余亩。马迹山以杨梅著名，余与宗墨并坐树阴，恣啖杨梅。沿湾行，至湖口，望太湖。由雁门经牛塘湾，折西南行，过小桥，桥名牛塘，亦称福德。

循岭脚高下而行，至吴王擂鼓墩。世传吴王督战于此。骤看不过一土堆然以足踏之，空空然有声。立墩上望太湖，远可见无锡沿湖诸山，近则小椒山乃在足底，形似覆箕，故俗呼"箐箕山"，其东北有大椒山、及夫山。传称吴败越于夫椒即此。时已正午，礼庭约至柴泉吴君平斋家午膳。马迹山既无旅馆，又无商店，凡有食宿，非至区公所及人家不可。余等来时，绕行山麓，注意风景，及回柴泉，则由捷径过牛塘湾，即不遵原路，履田中阡陌而行。经西村，逾庙山，度迎春桥、大渎桥而抵柴泉，吴君平斋家，已午后二时矣。吴君与区长丁君稚圭，皆常州东门师范毕业生，为马山人望所归。吴君为人亢爽切直，曾任区长。因不能如其志，遂退职家居。与余谈，一见如故，供肴馔极丰美，并有枣子浸膏粱酒，其味醰醰！宗墨取而痛饮，并强饮雨亭，余则因戒酒，略一沾唇，已觉其醇厚，绝无膏粱之烈性矣。膳毕，宗墨与平斋耳语，说余起最早，饭后宜少睡。平斋导余入寝室，余睡半小时而起。不见宗墨诸人，而隔室则惺时方高卧未醒，遂出门寻宗墨。门前邻儿云："皆在吴氏宗祠。"欣然领余往，则宗墨、雨亭、则汝皆在。平斋缕述宗祠兴废，并要余作匾对，余允之。黄君辟尘来此购地办林垦，其办事处即租此祠。经理其事者，雨亭也。余等拟觅风景佳处，席地欣赏。平斋导往大渎之坝嘴，嘴形狭而尖，伸入渎中。碧水三面环之。嘴端有树，大小两株，荫可蔽日。清风徐来，披襟当之，快甚！遂共坐闲谈，出汽水饮之。未几，惺时从容徐步而来，盖卧醒而精神爽健也。则汝架快镜摄影。乡农大小六七人，咸来围观，宗墨招之坐，共摄入之。在此休息二小时，至五时，方由柴泉向东南行，经东村，松林高而密，风送涛声，鸟语时来蝉鸣深树，此天籁也！至庙下，沿湖边向南，仰见土地庙，隐于古树间，树皆高大，松树有高逾十丈者，年龄皆百年以上。此外榉、柏、枫、杨、檀、栗、朴、榆，种类至多。登庙左山麓，即沿湖边曲折而行。大渎在土地庙以下，亦称庙渎，为马迹山南大港。形势险要，古来攻守重地也。大船驶入，可直抵大渎桥。若山北之古竹湾，则船只只能泊于口外耳。山中所产柴、米、麦、蚕茧、杨梅，输出无锡。及无锡货物之输入，皆由此渎。登火石岭，在此望太湖，正对东西洞庭山，西南可远望浙之湖州。火石岭下为点山，濒湖为西坨湾。有古银杏，在观音堂前，两株合抱，余与同人各展双手围之，大可六围。平斋在此握别，回柴泉。逾岭，即东扭湾。闻赵翼墓在此，以时促未及探访。登桃坞岭，岭颇高，有三折。顶有北极行宫，宫前湖面，有矗立之小山，曰笔山。东望则无锡之军将山也。自岭下复登小墅岭，其下为小墅湾，有古檀树。相传宋初许姓所手植，共三株，今存其二，二株合一根，左右上出，各十余丈。此时红日西沉，未暇细观。幸月色甚佳，路径可辨。余生平所至各山多矣，至乘月夜游，此尚第一次也。登鸦鹊岭，而至大墅湾。自土地庙以东，每登一岭，必望见太湖。地势愈高，所见湖面，境界愈阔大。至大墅而益觉宽阔，且日暮起风，波涛汹涌拍岸，岸之逼窄处，径仅容足，各人鱼贯，憻憻前行。皓月渐上，清光映入波纹间，正如水银泻地，洸漾不定！登山望湖，至此最为痛快！忽见小舟，张帆近岸，为怒涛簸弄，首起则尾落，尾落则首起。宗墨云："此舟何来，得毋盗乎？"礼庭云："否，此渔也舟，乘涛取白鱼耳。"盖太湖白鱼，每随潮结队而至也。复逾对面山而下，至蓬坑。地低而洼，上覆茂树，不见月光。循田间小陌，缓缓而行，窄隘异常，偶失足则有堕水之虑。陌尽为小径，草深没踝，昏暗中，彼此不见，前呼后应而进，乃登窑荡岭。礼庭云："自此至檀溪，路较平矣。"檀溪以隐君泉而得名。泉出石壁，泻入石池，甘冽异常。相传宋邵协罢官隐此，故名。地又产茗，瀹茗品泉，食味独绝！余等择溪旁树下月光佳处，或椅坐，或席地坐，恣意欣赏。礼庭问村人："有佳茗否？"则曰："佳者已售罄，只有其次耳。"宗墨云："但担泉来，不需茗也。"泉在村后约里许。未几，村人担两桶来，即取而饮之。宗墨尽两杯，余尽一杯，甘生舌底，津津有味！礼庭云："马山杨梅，以檀溪产为最佳，因地当正东，得日光较多之故。"遂向村人购一篓，果然实大而圆，极其甘美，各取啖之，顷刻而尽。余齿素畏酸，多年不敢啖杨梅，昨今两日，必日尽数十颗，而齿无恙也。因嘱村人，明晨送十余篓至区公所，以便携归。惺时明日必赶回上海，余乘此便，以红白杨梅各一篓托带至家中。马山杨梅，每年销出，价值万元，然不能经久，故销行不远。今得以二十四小时，借惺时之便，运回上海，亦一有味之事也。礼庭向村人借一灯，导余等行，经栖云庵下，而登胜子岭。庵建于宋宝庆元年，隐蔽森林中。庵后有大榉树，前有桃园，胜子岭者，马迹东部之胜地也。右古竹，左檀溪，南对三冠嶂，蹬道皆乱石砌成，崚嶒曲折，夜行尤艰！顶有小武当庙，亦称北极行宫。礼庭云："庙神最灵，村人有求必应，庙前石凳，不可坐，坐必获咎，平时村人担粪者，不敢过庙门，必绕其后而行。"然同人者已有溺于庙前者，闻之默然。余等在此稍憩，即由岭北下，杨梅成林，高皆丈余，拟明晨来此摄影，及回区公所，已十时矣。今日自西山绕至东山，往来步行，约四十余里。雨亭习农，健步如飞，余所勿及！宗墨、则汶腰脚皆健，惺时稍逊，然态度闲静，初不觉苦。丁区长家中，具晚膳，礼庭作陪。各人饱啖，宗墨尤喜饮，雨亭不得已亦应之，辄尽一壶。及卧，已十二时矣。今夕蚊虫，较昨夕更猛，虽有蚊香，亦不退怯。诸君皆疲，鼾声大作，余则无论早睡迟睡，辄一小时即醒，蚊来，则以巾掩面避之，惺时秃顶光滑，无乱发障碍，蚊若以其易与而麇集之，迨天明，则红星点点满头矣！

七月六日晨，七时，吴君平斋来，八时，与宗墨等偕赴胜子岭杨梅林下。由则汶摄影毕，时村妇正摘取野杨梅，两日以来，则汶过杨梅树下，辄思摘食，宗墨以树有主止之，此次因平斋来，村妇识之，乃许则汶就树头摘食，则汶大喜。诸人亦各取数颗。虽系野生，味极鲜美，与购买者不同！余等出门时，惺时言稍迟即来，皆以为昨日过于疲劳，托辞不出耳。乃未移时，又见惺时手摇蒲扇，大步而来，乃招之共啖，谈笑而归。早食毕，八时登舟。平斋、礼庭等，均送至古竹湾。开行时，一帆风顺。九时，已抵雪堰桥之万寿亭。对面舟中，忽有与雨亭招呼者，则区长丁稚圭也。乃共停舟，登万寿亭谈话。丁君必欲送余等至雪堰桥，谢之不允。乃告以雪堰桥市街污秽，一到即拟过汽船，不再停留，遂郑重握别而去。及抵雪堰桥，汽船早至，即登之。九时开行，及半途，机件忽坏，停轮修理。修后，行未久，又坏。于是屡停屡修，至午后三时，方抵戚墅堰。因惺时须回沪，遂在市楼午餐，餐毕，由宗墨导往刘氏花园游息。五时半，送惺时登车后，乘船返通成，已六时半矣。方停舟时，惺时等要求余各赠一联，余即口占，赠惺时云："倾盖汪沦，与子苏亭（通成同乐园中亭名）相见，扁舟范蠡，同游马迹归来。"赠雨亭云："殚心造林民所赖，健步登山我不如！"赠则汶云："废物成材娴漂染（则汶为通成漂染间主任，以油污脚花，漂成白絮），闲来筑舍畜鸡豚。"题通成纺织厂同乐园云："拓地数弓，劳资同乐，芳塘半亩，鱼鸟亲人。"题园中苏亭云："出死入生，几以身殉厂，摩顶放踵，将永念斯亭！"宗墨尽瘁通成十年，己巳之秋，因积劳猝患伤寒几殆，缠绵半载方愈。回厂时，全体职工大慰。醵资建亭，以庆更生，苏亭之所以名也。

马迹山周百二十余里，东西相距三十里，南北半之。若欲遍览全山，宜分两日：第一日游东部诸山，第二日游西部诸山。此行以惺时须限日返沪，兼程并进，以半日登三冠嶂，又尽一日之力，西至雁门，东达檀溪。然西之西青嘴，东之雄王嘴，皆未能到，所探胜景，仅十之六七耳！山中人口五千六百余人，田二万二千六百数十亩。平均每人约占四亩。无大富，亦无游民。故山中有"富不过万，贫不讨饭"之谚。学校有公立者三所，私立者二所。学龄儿童一千一百五十二人。已入学者五百六十四人，不及百分之五十，地因四面环水，与他方隔离，风俗淳厚，人多土著，虽夜不闭户，亦无窃盗发生。游客戾止，无论识与不识，一见欢然，辄为导行。余等此来，如入桃源，印象甚深，故乡缺乏佳山水之观念，涣然冰释矣！

既回沪，邮赠礼庭以联云："登山赖子为先导，夜月穿林送客归。"赠吴氏宗祠匾曰："三让遗风。"赠平斋联云："肝胆照人，豪气不输陈同甫，莼鲈款客，风味何如张季鹰。"赠稚圭联云："入山未逢，秋水伊人劳回溯；归舟相遇，旗亭留客不胜情！"

浙江游记

普陀纪游

民国三年夏，南中苦热，立秋后犹未稍减。余久欲作普陀之游，适袁君观澜，自京归，观澜喜山水，为游山旧侣，因告之曰："盍作普游？"观澜欣然。后告庄君百俞，百俞亦乐从。吕君天洲，善摄影术，百俞邀之，携摄影器以往。四人于阳历八月八日午后三时，同上招商局之江天轮。五时开行，出吴淞口，海风吹来，炎暑顿消，令人意爽！舟循大戢山而南，行于内海，波平浪静。四人晚膳毕，倚舷远眺，杂谈间作，十时后就寝。船票分二次购买。申至甬，官舱人各一元，甬至普，海程较沪至甬为近，而反人各二元。盖江天船，每岁惟阴历六月观音诞辰，逢星期六，直开普陀四次，余则不往，仅至甬而止，故昂其值以取利也。

九日晴。上午四时一刻，入浙之甬江口，过镇海。五时，抵宁波。停一时许，卸去货物，复开行。循舟山列岛东南行。两旁岛屿，星罗棋布，海道窄狭处，仅如内河耳。十一时半，抵普陀。各寺多遣有接客者在船。余等择定长生庵。唤接客者至，以行李界之。舟泊港内，离岸约里许，以划船登岸，人各予以小洋一枚，遂乘兜子，自南道头入山，皆琢石甃成孔道。既阔且平，所谓妙庄严路也。道旁多古木，交叉垂荫，翠嶂摩空，碧浪拍岸，风景殊胜！行五六里，至长生庵。普陀分前后两山，是庵适处其间。余等稍憩，即在寺午膳。寺僧接待颇殷，素肴亦适口。午后二时半，徒步出游，至法雨禅寺。普陀前后二山，各有大丛林一。前山名普济，后山即法雨。皆清初奉敕修建者。寺在锦屏山下。山峦环若列屏。有青玉涧，自山绕流寺前，回环若带，碧石精莹，掩映清流，水石相触处，声淙淙然！普陀溪流稀少，此殆为冠矣！寺内规模宏大，有天王九龙大雄诸殿，后有藏经阁，旁有精寮，游客亦可栖止。殿中有玉观世音一尊，高五尺余，妙相庄严，令人起敬！四时，往游海滨之千步沙。沙在东海滨，自几宝至飞沙吞口，约长五里许，循山行，为玉堂街。沿海行，即千步沙。普陀四周皆海港，为海浪挟沙所积，日久成滩，所在皆是。而以千步沙为最长。玉堂街高于千步沙十数丈，而旧时纯为积沙，今已生草木，成为陆地。沧桑之变，于兹可见一斑。千步沙之胜在观潮。潮拍岸时，来如飞瀑，止如曳练，时时不息。遇大风则震撼激荡，惊心动魄，诡异不可名状，宝山中之伟观！西人来游者，多在此为海水浴。余等并坐岩石，静听潮声，至夕阳西下，缓步归庵。七时晚膳毕。洗浴更衣，九时后就寝。夜半枕畔，闻海潮拍岸声，寺僧起而诵经声，潮音梵呗，相间并作，明月一轮，光照床前，此时令人万念俱寂！

十日晴。余等预计尽一日之长，遍游前后诸山。晨七时起身，八时四人均乘兜子出游。自法雨寺之西，向北行。迤逦登白华顶，磴道整齐，愈上愈陡。道旁缒以铁栏，行至半途，见数巨石矗立。下两石如敧，上一石高耸云表，峻险怪特，危而不堕。上题曰："云扶石。"下题曰："海天佛国。"再上磴道益峻。自山麓至此，行五里余，历石磴七百余级，方达白华顶，亦名佛顶山，普陀之最高处也。顶有灯塔，俗呼为天灯。由顶俯视普陀，全岛在目。东南望朱家尖落伽山，如扁舟浮于海上。西南望莲花洋如带。小岛历落，散布其中，白华顶后，尚有一峰。其高亚于白华，俗并称为佛顶，慧济禅林在焉。下山，赴梵音洞，循锦屏山麓行，越飞沙吞。吞形如岭，纯为流沙，履之没踝。自东至西，亘三里，阔百余丈，相传昔为浅海。后飞沙日积，渐成丘阜，高处至三五丈。因风崇卑，其形无定。寸草不生，亦奇观也。自佛顶行十二三里，方至梵音洞。洞在普陀极东尽处，为峭壁裂罅所成。高三四十丈，两崖如门，洞然深广。海潮冲入，澎湃作声，故名。午后一时，回长生庵，午餐。二时半，复乘兜子赴前山普济禅寺。寺在灵鹫峰下，其规模宏大，一如法雨。殿中供玉观世音，亦与法雨同。寺前有莲花池，广十余亩，东两各有桥，筑土成堤，分池为三。东西两池，俱盛产莲花，今则池水淤浅，萍藻丛生，时正夏秋之交，已仅有残荷数茎矣。寺僧每岁放鱼鳖其中。故亦名放生池。寺左有香街，长里许，普陀市肆，惟此而已。全山悉为僧人，此外佣工及市商，其数甚少。商于是者，亦例不许携眷属。其任防御者有僧团，设局于普济寺。教育则有僧教育会之化雨小学校。殆所谓僧自治者耶。复循寺而西，历磐陀、梅岑诸峰。约三里余，至灵石庵。庵内有磐陀石，石纵横可十余丈，如鲸鱼之首。其下另有一石，周广百丈，高身锐顶，磐陀托焉。旁空中倚，而不敧侧，其上平坦，可容百人。梯而登，可以望海，庵之所以名也。自庵而西，不及半里，有二龟听法石，一蹲伏于石顶，一缘石匍匐而上。昂首延颈，筋脉尽露，形状酷肖。再下为观音洞。洞殊小，外砌以墙，中供观音。至此已为普陀极西尽处矣。四时后，折而东行，过白华岭。约十余里，至紫竹林。山中之石，剖视之，俱白质黑章，旧志谓作花竹草木状。今缔观之，实为海藻遗迹。盖是岛旧为海底，故海藻没于其中而成化石也。而是地紫竹为最多，故名。其下有潮音洞，亦为山石裂罅所成。从崖至洞脚，高二三十丈，洞门有二，奔涛冲入，嘈哝作大声，飞沫溅十余丈，与梵音洞南北相对，均为普陀胜处。然梵音峭而深。由上俯窥，不见其底，惟闻潮声。潮音则洞前岩石齿齿，可登而观潮。一隐一显，为状各殊。六时后，日已西沉，遂各乘兜子而还。是日遍历前后诸山。然于前山诸胜，未能畅游也。兜子一乘，用舆夫二名，价有定例，游前山诸胜，给小洋六角，游后山亦然。若只游山中一处，及码头上下，则给三角。余等一日游前后山，故给以十二角，外酌给以酒资，兜子钱均寺僧代付，临行时并算，酒资则游客自理之。

十一日晴。是日预备回沪，顾海船在午后四时方开，遂决以上午补游前山。晨七时，四人各乘兜子出，改道由灵鹫峰后行，路皆小径，树林夹之。过高冈，可以左右望海。约二三里，至梅岑峰，上有梅福庵，下有梅福丹井。相传汉梅福隐修于此。今观其井，仅道旁一石穴耳。复折而东，欲观不二石。志书所载两石相去丈许，形状宛似，故名不二。今则为圆通庵僧人筑为墙基，只露不二石三，大字于外。"裁圆方竹杖，漆煞断纹琴"，其圆通僧人之谓矣！下山，至西天法界，俗呼为西天门。两石对峙，上有巨石覆之，中豁如门，西石尤耸峭，题曰"振衣濯足"。复下至磐陀庵，内有甘露池，为半圆形。水波澄碧，游鱼可数。复往观普济寺南太子塔。塔为元代诸王，为孚中禅师所建。高九丈六尺，用太湖美石琢成。凡五层，各层四面，俱镌佛像，今上层已圮矣。折回香街，购土物数事，复乘兜子至僧教育分会。内设化雨学校，专教七岁至十六岁之寺僧。时方暑假，无可参观。遂至几宝岭，观仙人井。井为泉水涌成，前邻大海，上覆石窟。窟内寒气侵人，取井水尝之，味甚清冽。朝山者多以瓶贮归，以为大悲法水，可疗痼疾云。复至朝阳洞，洞在几宝岭尽处。面临东海，观日出者多登焉。十二时，回长生庵。午膳毕，整备行装，四人共住三日，付寺僧房饭资共十六元，赏仆人四元。一时半，乘兜子出山，为时尚早，途遇风景佳处，则止而游览，是行共得摄影三十余片。至无量庵前，道旁古木森列，后有山景，四人乃于此合摄一影。名曰"普陀游侣"。过白华山，有巨石高三丈余，兀立山麓上，镌"白华山"三大字，字直径可丈许。山前有森林，东望南天门石矶入海处，景状佳绝。三时，抵码头。至慈云庵稍憩。四时三刻，以划子渡登定海轮船。舱位颇宽敞，自普至甬，每人船费小洋十角，饭资另给。五时开行，六时至舟山之沈家门镇，停轮过夜。余与观澜、天洲、登岸游览。街市极短，陈列者多鱼虾海物，腥臭不可闻。产盐极富，色白价廉，每斤三文耳。回船晚膳，九时就寝。

　　十二日晴。晨五时半开行。七时，至舟山。停一时许，复开行。八时三刻，抵镇海之穿山。略停片刻，九时十分开行。十时三刻，入甬江口。自口外望招宝、金鸡二山，屹立如门，炮台数十座，罗列其间，形势雄壮。前日入口在夜半，未及览也。十一时，至镇海。停二十分开行，十二时二十分，到宁波。雇夫搬行李至江天轮船。每挑一角，择定官舱两间。安置毕，遂登岸。饭于江滨之颐福园。饭毕，进城一游。三时半回船，四时开行。晚膳后，八时即睡。

十三日晴，晨三时，进吴淞口。抵码头，天尚未明，余等在船盥洗毕，四时，登岸抵家，甫昧爽也。

雁荡纪游

雁荡属括苍山脉。有南雁、北雁、中雁，而以北雁为胜。游人所至者，概皆北雁也。蒋君叔南（希召）家近雁山，以山景摄影数十纸，示张君菊生（元济）且指示游程。张君乃有雁游之约，余欣然从之。而傅君沅叔（增湘）、白君栗斋（延夔）自天津来。乃于民国五年十月十六日，自沪赴海门。午后至南市大达码头登蓄盛轮船。傅、白二君，已先登舟。四时启碇，九时即睡，夜间稍有风浪。

十七日晴，晨五时起，卧榻太低，不能直坐。遂至甲板，在日光中行深呼吸。是时舟行群岛之间，风景佳绝。八时三刻，到定海。偕三君登岸游览。约行里余，为半路亭。又里余，入城。市廛颇繁盛，咸鱼肆最多，腥不可闻！十时回船，十一时十分开行。午后六时，到石浦。在象山之麓，海岸陡峻，居民依山建屋，均在峭壁之下。时已晚，船停亦不久，未克登岸。六时三刻开行。稍有风浪，夜深尤甚。十二时后，抵海门。在船度宿。

十八日阴，有微雨。晨起后，八时登岸，往统捐局访蒋君季

哲（冶），系叔南君之介弟。张君早与有约，故知余等来，已预
为指定海门旅馆。在局稍坐，即回船取行李，至海门旅馆休息。
地临海岸，房屋系新建，甚为轩爽。海门原为镇，而有城。城外
甚繁华，街道用石版筑成，宽平而洁，店肆整齐，建筑参用洋
式。海门旅馆，与一品香番菜馆毗连。十二时，蒋君招饮于此。
午后，在馆休息。晚七时，共登小船，船长约三丈余，阔只六七
尺，上支竹箬为篷，舱中只容二人，可坐不可立。共雇三船，蒋
君一船，有兵士二名，以为防护，傅、白二君共一船，余与张君
共一船。纵铺二被褥，二人直卧，尚觉逼仄，仆人已无下榻地，
在船首坐以待旦。竹篷两端，洞然无障蔽，不能御风，俨如露
宿，而空气大佳。余等志在雁山，故觉别有风味，不知其苦也。
船行小河中，至狭窄处，与来舟相摩而过，恒至冲撞。是夜卧未
宁。

　　十九日晴。晨六时，到大溪镇。自海门至大溪，为八十里。
镇属温岭县境。憩于蒋君之友张君德甫家。为具晨餐，招待周
至。七时三刻，乘肩舆启行。途中四山环绕，到处竹林茂密，绿
树成荫，间以红叶，晨鸟出林，鸣声不绝。八时半，度隘门岭。
路旁闻涧水声，潺潺悦耳。乃下舆步行。峰峦重叠中，往往有
谷。居民皆种稻田，自成村落，诚世外桃源也！是日，山民均往
大溪赶集，络绎于道，所携皆竹木柴炭竹笆箕篝之属。亦有肩铁
块者，盖山中产铁也。九时三刻，度寨岭。岭下有亭，名靠天
茶亭。寨岭亦名靠天岭也。亭为己酉年公立，有碑以记之。中叙
集款置田设亭以济行人事。寨岭属大荆镇，为乐清县辖境。自大
溪至大荆，约三十里。到大荆而雁山在望矣。余等休息于蒋君家

中。午膳毕，往宅后小山略览。山名印山，以形似名。山下有小湖，山顶为财神庙，设私立女学校。其后尚有公立两等小学校，未及往。午后一时，赴雁山。未及二里，抵石门潭，称为雁山门户，即雁荡之东外谷。两峡高耸，潭水自峡流出，水为深蓝色。自石门潭折而西，渡潭水下流之浅滩，五里，抵老僧岩，亦名石佛峰。峰下有石佛，为蒋君叔南集款所建者。岩西对面山麓，有石佛寺。老僧岩之状，酷似头陀，披袈裟，拱手兀立，远望尤逼真。过老僧岩畔，有小童岩，似小童立于老僧之后者。行五里，至石梁洞。洞前有石梁，自下拔起。如老树横空，上端与洞石接。由梁侧隙中拾级而上，仰视梁与洞之间，隔离数丈，可通天光，故洞内甚光明。两旁清泉下滴，汇而为池。洞下有石梁寺故址。今蒋君叔南于此新建一楼，尚未落成。自石梁行二里余。陟谢公岭。岭顶有落屐亭。东外谷至岭为止，岭北即为东内谷。自岭而下，两旁大石如城，东为小嶂头岩，西为大嶂头岩。岩下有初月洞，以形似名。又名响板洞。中有人家，筑板屋以居，养猪与鸡，至为嘈杂。岩前有张显闲题"敦本兴让"四字。两岩中间隔一溪，名鸣玉溪。溪东有果盒岩，溪西有船岩。果盒桥跨溪上。果盒岩北有含珠、超云等峰。鸣玉溪之上流，有照胆潭。潭水深蓝色，潭上有风洞，洞东有灵芝峰，形如芝草，独秀空中，状至奇绝。首戴一树，俨如枝柄。渡桥而西，有高峰如合掌，即灵峰也。下有灵峰寺，前为双笋峰。两石矗立如笋，故名。灵峰之左，有伏虎洞，今名北斗洞。道人春阳，就洞中新构四层楼，余等即在此宿焉。洞高而开豁，面南背北，夜间不甚寒。洞内左侧，泉水下滴，汇为深潭。夜静闻水滴声，断续而下，凄清幽远,令人神静!夜半,明月半规,自洞口射入,直照床前,因披衣出外。傅君沅叔,亦悄然起,谓余曰:"游山须游名山,正如观大家之画,其中峰峦洞瀑,无一不备;若寻常之山,只一丘一壑耳!"又曰:"凡遇好景,切勿当面错过。"至哉斯言!二人凭栏静观,流连久之。

二十日晴。晨出山门,在日光中踞石久坐,八时后,游灵峰洞。是为灵峰正面,两峰插天,下离上合,故亦名合掌峰。下为洞,即灵峰洞,又名罗汉洞,今称观音洞,自下拾级而升,计三百七十七级。洞顶有泉,滴沥而下,前为珠帘水,后为一缕泉。殿之右侧,泉为最大。凿方池盛之,曰洗心泉。其旁石上题壁甚多。洞中依山筑屋,层累而上,其前为一线天,日光自此入。雁山之洞,以此为最高广。开山者,为宋人刘允升。在崇宁五年,今塑像其中。九时,由灵峰右转,至南碧霄洞。有居士金君玉峰,修道其中。洞外树木颇茂。对面为北碧霄洞,有屋数楹,已无人居。北碧霄洞纯为峭壁,而峭壁之上,复有壁焉。其五石骈列者,名五老峰。又有三石,名三贤峰。出南碧霄洞,仍循灵峰而回,探灵峰寺旧址。寺后有石镌"雁荡"两大字,径可丈余。循鸣玉溪而上,观灵芝峰后之碧霄峰,高耸云表。自其后侧观之,则又如巨兽蹲伏。十二时,回至北斗洞午餐。午后一时,拟同赴灵岩。由灵峰西南行,余与傅、蒋二君,逾鸣玉溪,往探风洞,履乱石而过。石高低光滑,无可着足,手足兼用,始至洞口。而时在秋暮,风不甚大,遂返。由灵峰西南行,过朝阳洞,及大夫岩。望睡猴峰,似猿猴睡卧状。至吉星桥,见老猴披衣峰,则已抵净名寺。寺后倚伏牛峰。久已颓废,现改为农林公司。出寺西行，为铁城嶂。高逾百丈，长数里，石色黝黑。对面为游龙嶂，人行其中，如深山穷谷，气象阴森，毛骨为悚。循嶂脚西行，乱草没足，得半月洞。立洞口望游龙嶂，天光正如一线。再循嶂脚行，路益险，草益深，乃得水帘洞。洞颇深广，泉水喷下如骤雨。再从谷深入。尚有维摩洞、摩霄峰等胜。未及往，折回原路，过净名寺，向灵岩行。里余，见峭壁之顶，有二石，名二仙谈诗。其东相对一石，为听诗叟。过响岩，两岩如门，石窝中空。舆夫以石击之，应声而响，故名。过此山益幽秀，已入灵岩道矣。道颇纡曲，疑若无路，一折便入胜境，再折而天柱峰在望，三折而入灵岩寺矣。灵峰与灵岩，为雁荡最著名者。灵峰奇峭，而石多土少。灵岩幽秀雄奇，峭壁四合。南向则有大平原，背负屏霞嶂，高数百丈，阔称之，左为大小展旗峰。右为天柱峰。天柱后为双鸾、玉女、卷图等峰。前为老僧拜石岩。展旗峰侧，为观音岩。诸峰形状之奇，叹为观止。以时已暮，未及细览。是夜，即宿于此。灵岩寺僧昔将寺产变卖，今归蒋君兄弟所有，营建新屋，并在四山植森林，余等所宿者，即此宅也。

二十一日阴雨。此日本拟往大龙湫，因雨而止。遂遍览灵岩诸胜。八时后，出寺绕屏霞嶂右侧而上，有石横于路隅，上镌"天开图画"四大字，旁署"龙渠"二小字，年月无可考。一路细观天柱诸峰，天柱雄直挺拔。后为双鸾峰。其一峰顶上有古松，特立云表。不知其年月，人迹罕至，可谓独全其生者！卷图峰形圆而耸，亚于双鸾，如图画一卷。独秀峰下削上圆，高与卷图相等。其前一小峰，下丰上锐，宛如羊毫笔尖，故名卓笔峰。

余等历百余级，曲折而至龙鼻洞。洞形亦如灵峰。二峰拔起，至顶而合，合处石罅，有青石蜿蜒嵌于其间，屈曲向上，宛如龙尾。头则自洞顶垂下，有鼻有爪，故以为名。昔时尚有石乳，自龙鼻下滴，今鼻为土人所毁，仅余一爪，乃不复见矣。洞之前为一线天，洞内有观泉亭。石上题壁，以此处为最多。下龙鼻洞，复循独秀峰而西，穷小龙湫之胜。雨后路滑不可行，践卧龙溪乱石而过。高高下下，约二千步，方至湫下。湫之上为峭壁，高数百丈，三面环曲，湫从峭壁飞下，喷沫沾人衣襟，如微雨。乃坐石上久观之。壁罅处处有小树，忽见一小鸟，长不过寸余，头腹白色，背尾黑色，飞止树间，为龙湫点缀，亦奇观也。十时，由寺左侧登大展旗峰间之天窗洞。路极陡峻，巨石梗前，遇无级处，不可着足。余等踵趾相接，尽力攀登而上。至洞顶为一圆孔，有石横于前，凭石俯窥之，洞然空明，深而且广。尚有二孔，与此孔如犄角对立，故洞中甚光明。舆人携爆仗，燃而投其中，声如大炮，震动山谷午后，诸人随意休息。余散步至寺前，择一大石踞坐其上，静对天柱久之，翛然意远，不知身居尘世也！

二十二日阴。晨八时，同往游大龙湫。出寺，经七塔桥西行。抵灵岩村。北有紫微嶂。嶂右一洞。名乌洞。洞外为小剪刀峰。又西为板嶂岩。过列仙嶂，有峰耸起，名玉霄峰。亦曰观音岩。其下为莲台嶂。嶂西有峰五，骈立如指，名五指峰。至是，渡马鞍岭，路颇峻，然有级可登。岭脊纯石无土，其形狭长，两端翘起而中凹，酷似马鞍，故名。是为东西谷分界处。渡大锦溪，即大龙湫之下流。泉流石上，其声渐大。一路经石城嶂、千佛岩等处，突见一峰，远望之，两端分开如剪，名大剪刀峰。绕出其后望之，又如张帆，故又名一帆峰。自峰后折而北行，即得大龙湫矣。自灵岩至此，十五里。大龙湫瀑布，自连云嶂直下，飘洒如雾嶂壁两面环抱。开豁宏阔，与小龙湫之幽深，面目各异。壁底之石，窐进为一大穴。瀑布下注成溪，即大锦溪也。因绕湫后。逼近壁下，向外观之，则所谓湫者，四面悬空，夭矫如龙，飞舞不定，势急若暴雨，喷沫之细，则又如雾。溪边亦见一小鸟，与昨在小龙湫所见者同，时飞时止，浴于湫下，盖水鸟也。是时，日光适从云中射出，瀑布折光，现各种色彩，闪烁耀目。溪旁有观不足亭遗址。余等流连至半时之久，尚不忍去，诚哉其观不足也！十时后，折回。循原路南行，过连云嶂之左，嶂间有二大孔，名阎王鼻。十一时，抵能仁寺。寺已荒废。其前为戴辰峰，南有火焰峰。自寺出，度行春桥。至溪边，可观对面之燕尾泉。天久不雨，泉水不大，燕尾之形，不甚分明。泉下注为霞映潭，潭水深蓝色。寺右有嘉福院故址，有大镬尚存。口径约丈余，高称之。为宋嘉祐七年刘仁晟施财所铸之浴镬也。余等裹粮在能仁寺，饭罢，仍回灵岩。余此来锐意欲探雁湖，同游中傅君沅叔能健步，相约同往。而傅君适患感冒，不克如约。余又未便违众意，一人独往。今游踪所至，仅及西内谷，尚未逾芙蓉岭，入西外谷。昔徐霞客善游。亦第二次至雁荡，方克探雁湖。岂名山胜景，固未许一度览尽乎！回寺，尚止午后二时半，游兴未尽，因独自一人，携乡导，登寺后之屏霞嶂。路之陡绝难行，与昨登天窗洞相似，而曲折高峻复过之。未及登三之一，而对面大展旗峰壁间之天窗洞，洞后两大孔，昨从内观而不知其所在者，今则已现眼前。特其下丛树深密，无径可升耳！仰上攀登，道益险，往往巨石梗路。凿石约略成级，行者仅可用半足，亦有竟无级，几于匍匐方能上者。行三里，方达屏霞之顶。俯视天柱峰，则仅如园庭中石笋，罗列足底。而今日道中所见之板嶂观音等岩，高耸云表者，亦近若咫尺，可以拱揖矣。嶂顶有觉性庵。自庵绕嶂再西，抵莲花洞。洞亦敞豁。其石纹有如莲花形者，故以为名。有带发修行之陈道友等五六人，居其中。此洞在雁山不足为奇特。惟其在极高处，能俯视诸山，为可贵耳！嶂东为金乌玉兔峰。嶂西数里，为小龙湫上源之温泉。以时晏不能往，遂下。过仙度桥，依原路回寺。同游白君善书画，此行遇胜处，均有题壁，白君手笔也。大抵雁山之胜：一在洞，一在嶂，一在湫。他山之洞，高大者绝鲜，且恒黑暗，而雁山之洞，皆高大而光明，移其一于他山，已足称胜！而雁山则多至四十余，此一奇也。吾人知嶂字之意义，谓山峰之如屏障者。然屡游名山，初未目睹，而雁山则到处遇之，绝壁连衡十数里，顶上削平，其石色或赭黑相间，远望俨若画屏，此二奇也。山中瀑布，恒在山顶纡曲而下，泐石成涧，而雁山之大小龙湫，则自嶂顶溢出，悬空直下，而绝壁之石，一无泐痕，此三奇也。人有恒言："江南九郡，雁荡为最，"非虚语矣！

二十三日雨。晨七时，傅君邀余再观小龙湫，雨后之瀑，比前日为大。回寺，乘肩舆冒雨行，循原路至大荆镇。膳于蒋君家中。膳毕，即行。至大溪，为午后三时，遂分乘三舟，一路风景之佳，俨如山阴道上，前此在晚间，未之见也。七时后，至泽国镇。登岸，在饭馆晚餐。八时复开，宿舟中。

二十四日晴。午后雷雨，黎明抵海门。仍息于海门旅馆。十时，修容洗澡。午后，乘小轮赴台州，作天台之游，别详于余之天台游记。

天台山纪游

民国五年十月，余与傅沅叔、白栗斋、张菊生三君，既游雁荡毕，返海门，乃复为天台之游。于二十四日午后四时乘升昌轮船赴临海。舟由椒江上行，中途遇雷雨。八时到临海。临海旧为台州府首县，然无旅馆。在海门时，先电告华品社书铺，托为预备住处。至则社员朱君聊成，已在埠招呼。余等乘肩舆至石林道院住宿。社主人陈君友衡，亦来招待，甚为殷勤。道院在城中八仙岩上，故亦曰八仙宫。

二十五日晴。晨起，赴院后山上，游览一周，可以遍观全城，颇为畅快。殿后石笋林立，所谓石林也。早膳后，偕同伴出外散步，至华品社，与鸿雪馆照相主人，约定至天台山摄影。午后，回八仙宫。陈君友衡，送盛馔至，余等辞勿获，乃受之，午后三时，偕陈君参观第六中学校，及县立高等小学校。四时后，回院休息，预备明日就长途。

二十六日阴。晨六时，乘肩舆启行，出临海县西门。七时，度茶园岭。一路连山不断，松柏参天，修竹茂密，到处成林，百年古樟，枝柯盘曲，幢幢如伞盖，乌桕之叶，经霜变色，浓者如胭脂，鲜者如血，淡者或赭或黄，果实垂垂，壳脱种露，色白如脂，有此点缀，诚天然图画矣。八时，过八叠岭。岭有数脊，低而复高者，共有八处，故名。十时后，度植茂岭，复逾小石岭。

岭下有新建铁桥，长约十余丈，名中渡桥，盖在大溪之中段也。十二时，度百步岭。上有紫阳道院。岭下有极大松林，长及里余。一时后，至杜潭，复逾滩岭，过石塘桥。桥跨始丰溪之上，以石为之，长十余丈。二时半，度横山岭。此行度岭甚多，而以小石、横山为最高。过岭后，见路旁又有大松林夹立，风过时声如波涛。自此以至天台，大松林已数见不鲜，即此可见天台之气象不凡！四时，度大溪桥。桥支木为之，约长三十丈，阔仅五六尺，跨大溪之上，在天台县南门外。四时一刻，进天台县南门，出北门。五时半，抵天台山之国清寺。寺为隋时智者大师所创，清雍正时敕建，在天台山南麓。后有五峰环抱之。寺前有古塔，高九级，为隋时所建。乃在此度宿。方丈名松隐，出门未归，知客名怀莲，出为招待。复遇华顶寺净土庵宗镜和尚于此，约明日同游。

二十七日阴雨，未能登山。晨九时，出寺门游览。有桥跨双涧上，名双涧桥，今呼为丰干桥。度桥左行，至塔前。坐听溪水，乱流石间，声汩汩然。旋返寺。因多日未能息心静坐，此刻得间，乃闭户入坐。坐久颇觉周身愉快。午后，宗镜和尚，导观寺内一周，并翻阅前人天台山游记，晚九时即安卧。

二十八日。阴雨稍止。晨九时，往游赤城山。由国清寺出，渡双涧西行，雨后山容如沐，红叶尤鲜，正似美人新妆。高山之顶，处处出云，油然溶然。一路土石皆赤色。五里，抵赤城，远望之山石骈列如屏，赭黑色相间，层叠而上，故名。山下有栖霞洞。今称紫云洞。余等攀跻至巅，得玉京洞，洞旁有金钱池。绝顶有塔七级，梁岳阳王妃所建。十一时后，回国清寺午膳。膳毕，赴高明寺。由国清寺右，绕五峰东麓行。逾金地岭。岭绝高，两旁皆高峰，路边为深涧。前望峰头，若出云表。然愈上，则地势愈高，复有高峰，突现眼前，而前峰已在足底矣。既登岭脊，地甚平旷，已垦之田，随处皆是。顺道至塔头，入真觉寺。内有智者大师肉身宝塔。从岭下。至高明寺，已四时半矣。自国清至此，十五里。高明寺，后倚狮子峰，前临幽溪。寺旁有圆通洞，洞口对狮子峰。峰下大石突兀，上镌有"佛"字，径可二丈余，为石梁比丘兴慈所书。其上有看云石。晚宿寺中。宗镜和尚，今日同游，且将导游各处。

二十九日。先晴后雨。晨六时起，再往游圆通洞看云石。寺僧定融，出示智者大师紫金钵、龙衣、并贝叶经，皆古物也。九时，出高明寺，仍折回真觉寺，逾银地岭。十时半，过祖师亭。天台气象雄阔，高山之谷，到处有平原。田土肥沃，农民垦殖其间，自成村落。以余足迹所及，除衡山七十二峰外，他山殆未可比拟。然衡山之田皆瘠，则又逊天台一筹也。是时四山云合，人行云雾中，对面几不相见。空气高寒，似仲冬景象，而道旁尚见杜鹃开花。十二时，至龙王堂，银地岭至此为止。以上则华顶道矣。二时，过寒风阙。两山脊至此忽然中断。架桥以过。两旁无山遮蔽，故无风之日，亦有大风，若大风起，则人不能立足。乡民之经此者，遇风恒折回。二时半，至华顶山下之善兴寺，云气益浓，雨随之降，不能出门，而寒气彻骨，余等或御棉衣，或御皮裘，围炉取暖。自高明至华顶三十里。善兴住持名华最，重兴此寺。现正大兴土木，颇有新气象云。

三十日阴雨。云雾不开，不能出游。上午，宗镜和尚导往华顶山巅。看左右各处茅篷，类皆退居僧人，自构茅篷，在内掩关习静。道行高僧，不轻见人云。午后，往拜经台。是为智者大师拜经处。上有茅庵，为天台山最高处。庵旁石碑，镌"天台第一峰"五字。自拜经台下，顺道至李太白书堂，为唐李太白读书处，今仅一茅庵而已。归时，云雾稍开，望见山下，已有日光，而峰顶仍云气弥漫，随风飘荡，上暗下明，颇呈奇观。四时回寺。傅、白二君，先赴方广。余与菊公，仍宿寺中，待明日行。入夜，大雨竟夕不止。

　　三十一日阴雨。拟待雨稍霁，即赴方广。至午后仍不止，乃冒雨而行。三时，抵上方广寺。闻傅、白二君言，石梁之胜，为天台冠。乃于四时，偕菊公等冒雨往游。至中方广，而石梁瀑布在前矣。瀑布自上方广来，分为二支。自石罅冲激而下，至石梁下而合为一。雷轰电击，势极雄大。石梁长约三丈，两端削下，而中央隆起，其狭处仅四五寸。正值降雨，路滑不能着足。下视瀑布，一落千丈，更令人胆栗！宗镜和尚，习惯已久，先渡梁而过，以手招我，欲携以俱行，余好奇心陡起，乃谢之，独自侧足渡梁而前，颇觉履险如夷。梁之对面，无去路，惟一铜龛，内有五百罗汉像，亦用铜铸。龛下镌："明朝天启年间，太监徐贵，五台山沙门如璧募造"云云。缔观毕，仍偕宗镜自石梁折回，余人不能从也。复自石梁畔，攀登大石。觅小径，至下方广前小桥上，从石梁后面观之，瀑势益大。自梁迅疾直下，长可数十丈，声闻数里。更从桥下，履高下乱石，逼近观之，瀑势砰訇。飞沫溅人，奔流从足底而过，余于是叹观止矣！自登华顶，连日阴雨，人居雾中，举目无所见，令人郁郁，今得石梁之瀑，胸襟为之开豁，虽雨仍不止，登陟过久，袜履尽湿，而意犹未餍也。自石梁折回，时已薄暮，山气昏黑，乃回上方广宿焉。自华顶至方广，十五里。凡游天台，如遇阴晦之日，慎勿先登华顶，宜先宿方广。方广风景佳。可以数日盘旋，俟晴霁上华顶，至便也。方广寺住持名松真。

十一月一日。雨少霁。晨八时，余等重游石梁。在瀑布旁合摄一影，又各分摄一影。余欲坐石梁摄影，同游者皆尼之，菊生阻之尤力；余徇良友之规，始已。既而三公先行，余独留指挥摄影师，迨摄石梁全景时，乃踞石梁之脊，将我相纳入风景之内，心乃大快。惟人小如豆耳！盖心神若能静定，外界固不足以乱之，余但觉濠梁之乐，危险二字，胸中固遍寻不得也。昔徐霞客度石梁时，尚觉毛骨俱悚，余差足自豪矣！十一时后，由方广度大岭崎。道中小瀑布甚多。若在他山，均足称胜。余见岭旁有一三折瀑，其下流亦长十余丈，雁荡之小龙湫，不足比也。而在天台，则为石梁之瀑布所掩，人莫能举其名。余因名之曰"三折瀑"。一时，至万年寺。三公先至，待我久矣。寺前有古桧树八株，大可五六围，高逾百丈。到寺，寺僧善惠，招待至殿，余等略坐即行。二时，度观音岭。自岭顶俯视诸山，千峰攒簇，云开处日光射之，重沓如波浪。复度罗汉岭，过地藏寺。寺后倚危岩，前有大森林环抱之。三时，度藤公岭。岭道盘旋曲折，势极陡峻。至泗洲堂，已入新昌县界。清凉寺在岭后谷中，面对高山。左右古柏苍松，均百年前物，而竹林茂密，长及数里。四时，度冷水岭。土石悉带赤色，两旁皆田塍。过观音庙，及福寿庵，皆已荒废。四时半，至横板桥。居民数百家，有市集，颇热闹。五时，抵太平庵。住持僧名自游，出为招待。自方广至此六十里。庵前遍植修竹，小径幽深，别是一清凉世界！时则暮色苍茫，晚霞映山，为殷红色，栖鸟归林，喧鸣不已。余等在此度宿，天台之游，至是告毕。大抵天台之宏大，实可称岳。或峰，或瀑，或森林，若移其一在他山，即可得名。而天台到处皆是，虽有而不名。其名者，乃他山所无也。雁荡之奇，譬则仙境，天台之大，譬则佛国。山中无处非大谷，无处非村落，而风景无处不奇。文字不能形容，图画不能着笔，摄影亦只能得其一斑，大矣哉，莫能尚矣！

二日晴。晨六时一刻，由太平庵行，过会墅里岭。三刻，过坑桥，仍为重峦叠岭，岭间瀑布之多，一如昨日。有一大者，长可数十丈，俱无名。七时，至斑竹。三十分，过九间郎、燕窝桥。八时，过赤土。土石俱带深赤色，故名。九时半，抵黄婆亭。十时，抵长邱店，过平川桥。三十分，过青林寺。寺虽小，而其旁古木修竹，亦自成林。十一时，到新昌县，进东门，自太平庵至新昌，五十里。一路山岭连绵不断，余等坐山轿时，因欲四面眺览，故将轿篷揭去，两足平垂而坐，新昌人聚而观之，相与大笑。盖本地人皆将轿篷悬垂，而仰卧其中，故以为异也。县城颇小，惟洋货铺较整齐，余皆类乡镇，欲觅一稍大之饭馆，亦不可得，乃就小面馆午餐。十二时，出西门，过鼓山书院，在鼓山之麓，甚为幽静。三刻，过三溪。一时，抵黄泥桥村，入嵊县境。二时半，遇阮庙村。相传为刘、阮二仙故里，故立庙祀之。庙中正殿，塑五像，三男二女，中一老者为乡主，其旁为刘晨、阮肇，再旁二女像，即刘、阮所遇之仙女也。三时，抵五里铺，过马衕同村。三十分，到嵊县。进南门，至东后街醉墨轩，访其主人宋君。宋君并派人导往城隍山鹿山吟社。本拟在此下榻，后闻有船可连夜开行，直达百官，且因傅君有病，遂决计雇船行。向卢顺记船行雇大篷船一艘，随即登船。船横而阔，舱中亦无桌椅，上盖竹篷，头尾直通，不蔽风雨，与海门至大溪所乘者相似。惟大逾数倍，可容五六人，能直立耳。余等往船行时，其掌柜既不招呼，站立门槛，诜诜之声音颜色，令人不堪！菊公软语款求之，方得一船，且有醉墨轩熟人介绍，尚如此，则其平日之慢客可知矣。嵊县产茶丝，贸易大，故市肆繁盛，远过新昌。六时，船即开行，天忽雨，竟夕不止。

三日雨。晨七时，过蒿坝。八时，抵百官。自嵊县至百官，水程百四十里，泊舟舜江北岸，渡江而南，即曹娥镇也。沪杭甬车站，即在江边，不过数十步。余等将行李安置于车站前，早车已开，晚车为时尚早。遂至街市游览，饭于临江楼。饮馔佳美，价亦低廉。百官镇颇热闹，有大舜庙，面对舜江。甬百铁路，自百官至宁波一百七十里。余等乃乘第二次晚车行。十二时，登车，三时到宁波。宁波车站办事颇整齐。客到，凭单取行李后，站中有雇定挑夫，均着号衣，只须向行李写票处，说明应送之地点，领取运送票，即可代为运送。到后给费，既速且妥。余等登江天轮船，人至而行李亦至矣。五时半，启碇。在船中洗浴，十时安睡。

四日阴雨。晨六时半到沪，七时回家。

莫干山纪游

莫干山，在浙江省武康县西北二十七里。旧传吴王铸剑之地，因以为名。曩者西教士以避暑会名义，租赁此山，辟道路，筑别墅，不及数年，遂称避暑胜地，与江西之牯牛岭，直隶（河北）之北戴河并称。其山既为西人所经营，一切规则，俨同租界。山半有莫干山旅馆，其主人为德产。欧战起后，英美人相率不赁居此馆，遂致亏折。杭沪甬路局，乘此机会，收回主权，以三万金购此旅馆并其周围空地，计共八十余亩，出售车船联票，于民国九年五月开办，旅客称便。余适于是时赴浙，重游西湖，遂便道往游此山。于五月十七日，乘沪杭甬支路汽车，自城站至拱宸桥下车，乘公司所备汽油船。午后二时开行，未久，天忽大雨。有人言不能登山，须在三桥埠借宿。余以未携被褥，决计冒雨而行。船经德清县境复入武康县境。一路山清水秀，风景至佳。六时半，抵避暑湾，雨已止，而天色昏暗，急乘肩舆而行。至三桥埠，略购饼饵，以防中途饥饿。经杨梅岭、爪桥、新凉湖，天已无光，黑云如墨。复经张家桥、两河头、庾村，即登山。舆夫仅携一灯，光可及丈，路陡而滑。旁有大涧，水声震耳。余游山次数虽多，然黑夜一人登临，此为第一次。上黄泥岭，路更陡。过岭为牌楼，为炮台山，有巡防营及警察驻扎于此。最陡处名百步，过此即达莫干山旅馆。馆筑于山半胜处，高一千三百英尺，为德国人巴君所设，今既售于铁路公司，公司中派周君伯英（济时）驻山办事。余到馆已九时半，而进门即见房榻铺设完备，盖三桥埠公司，已有电话通知也。盥洗毕，略进晚餐。周君来谈天，至十一时方去。十二时睡。山中高寒，改御棉衣。夜间万籁无声，寂静之极。久处尘劳，此境何可多得，睡眠亦异常宁贴。

五月十八日晴。七时起。八时，乘舆游山。出旅馆西行，经阴山冈，商务印书馆陈列所在焉。现尚锁闭，须在西人避暑时，方有人来经营也。山中气候既较寒，花开亦迟，杜鹃珠藤，尚多茂盛。度中王山冈，高一千八百英尺。再上至莫干山顶，高二千五百英尺。登顶眺望，四面万山攒簇，而莫干高踞中央。山中竹树丛密处，多为西人建筑别墅，本国人亦间有之。自山之北而下。经塔山岩石矗立，有突出道旁，形若三角者，名石虾蟆。顶有长方巨石，面平若台，西人之避暑者，多携饮食至此，席地而食。莫干全山多土，惟此处有岩石，颇可观！自塔山后向东而行，为芦花塘。四山环抱，茂林修竹中，间以松杉，虽名为塘，实系山窝。山中泉水，到处皆清。而此处水质，含矿更多。据云：每担比较他泉，重十余斤。西人用铁管，自石罅导之下流，以瓶装置，贩运于苏沪，可得高价。再南，过金家岭。竹林更茂，长及数十里。再南至天池山，山顶有池，故名。下有兴化寺，建于宋末元初。莫干全山，只此一寺。寺基荒寂，只一僧，名得一，年六十有九，出家已五十年。精神甚健，与之谈，宗说融通，滔滔不绝，不图于此乃遇斯僧，方外未尝无人也！出寺，循天池山之麓，折向北行，复登金家岭。两峡之间，涧水之声，雷轰电劈，因穿峡中小径，寻声探之，见涧水泐石成坑，自高而下，有三四处，坑下成为瀑布，曲折十数丈，溅石飞沫如雪，是名剑水坑。因坐石上且观且玩，久而方去。今日所见之景，论山当以芦花塘为佳，论水当以剑水坑为奇矣。为时只午后二时半，欲往碧湖，已不及往返。观西人所建游泳池毕，遂归旅馆休息。本定明日下山。因兹山幽静可喜，决计多留一日。与周君闲谈。

并偕观旅馆周围风景，为状至乐。晚八时后洗浴，十时睡。

五月十九日晴。八时出游，仍由旅馆西北行。经阴山冈、金家山、塔山，自塔山度莫干岭，岭高一千七百英尺。遍岭皆丛竹，修干挺立，蔽日招风，行于其中，翠色撩人，十数里不绝。复经杨河村，居民数十家，引山水灌田，不劳人力戽水。十时半，至碧湖。名虽为湖，实系溪涧。涧水自两山间下泻，遇石之平面，则回漩为溪，遇陡窄处，则成短瀑。溪之左右，有居民数十家，名碧湖村。皆利用山水，以碓舂米。欲穷湖之上源，乃登山。见一小山坳，丛树乱石，掩蔽无路，但闻水声甚大，村人云龙头在焉。折枝拨草，寻得小径，径曲处，即岩石之角，阔不及尺，下临深渊，石锐而滑，逼仄不能着足。攀藤屈体行里余，忽见短瀑，倾泻两石壁间，汇成深潭。潭为长形，自石壁俯窥，可数十丈，水尽碧色，此碧湖之所以名。土人名潭为龙头，名此山为龙头地，地高一千英尺，尚未至山巅也。余坐石壁上饱观之，良久。仍遵原路回旅馆，已午后一时半矣。进午餐后休息，预备明晨下山，晚十时睡。

五月二十日阴。晨五时起。六时动身下山，行至庾村，遇大雨。八时半，至三桥埠之避暑湾。九时，乘汽油船开行，雨下不止。午后一时到拱宸桥，换乘火车。二时一刻到城站，三时三十分开行，天渐晴霁。六时五十分到上海。大抵莫干山之胜，在泉与竹。竹既遍山皆是，泉亦到处可汲。西医用科学方法分析之，定为饮料之佳品。其质清洁，不须过滤，即可吸饮。此山历史，除吴王铸剑故事外，绝鲜古迹可考。我国人向不注意，一经西人开辟，遂成胜地。噫，国中荒弃之山林，我不自营，人必代我营之，奚独兹山也哉！

天目山纪游

吾友金君松岑，去年即约游天目，彼此屡以事阻，未果行。民国十七年孟夏，金君以书抵余，曰："盍践旧约？"且自苏至沪面余，订定行期。余欣然诺之。遂约定五月十六日，同趁沪杭车行。

天目有东西二山：东天目属临安县，在县西四十里；西天目属于潜县，在县北四十五里，又名浮玉山。或云："东西两峰，峰顶各有一池，左右相对，故名天目。"或云："水缘山曲折，东西若两目，故名。"或云："梁昭明太子，读书于西天目，参禅于东天目，昭明双目皆瞽，洗于东西泉，目为复明，故庄曰双清，山曰天目。"此则近于附会。盖汉明帝永平时，已有天目之名也。

昔时游天目者，必由杭州之拱宸桥雇船，行四十八里，到余杭，再由余杭，乘肩舆，行四十里到临安，在临安度宿。复由临安乘舆，行五十里，方抵西天目。今则余临汽车已通，自西湖之松木场，乘汽车，经余杭临安而达化龙站，行九十余里，仅二小时半耳。在化龙乘肩舆，行五十里，即抵西天目。故可自杭州一日入山。较之昔日，交通便利多矣。五月十六日晴，午刻，赴上海北车站，乘一时三十分沪杭车。金君松岑（天翮），已自苏州乘早车来，晤于车中。与金君同来者，复有吴江徐君子为，彼此畅谈甚乐。六时五十五分，车抵杭州之城站。松岑之高足薛君颐平，在站迎接。遂分乘人力车，至湖滨清泰第二旅馆休息。松岑言：金山高君吹万（燮），以明日夜车到杭州，故须在西湖多留一日以待之。

十七日晴。上午，偕金、徐二君，驾小艇游孤山，啜茗小坐即回。复相偕步行至白公堤，饭于楼外楼。饭毕，游西泠社及公园。乘汽车至灵隐寺，憩于飞来峰下之壑雷亭。天久未雨，泉水甚小，故有壑无雷。徜徉久之，遂乘人力车回旅馆。薛君来约晚餐，代为规画入山行程，并为雇定汽车一乘。餐毕，偕往湖滨公园散步，遂归。高君吹万已到，于是游侣有四人。

十八日晴。七时半，昨日所雇汽车已驶至，共乘之出发。自松木场向余杭，过留下站，即入余杭县境。过青山站，即入临安县境，以九时半抵临安。十时，复自临安行，四十分抵化龙。余临汽车，至此为终点。自松木场至临安九十余里，自临安至化龙二十五里，此一段尚系土路，车行颠顿不平。若遇天雨，则汽车恐不能行，只达临安耳。余等在临安站，先以电话托化龙站雇肩舆四乘，故到时舆夫即已齐备。十一时，改乘肩舆行，十里，至横塘，即入于潜县境。又十里，至藻溪镇，市廛颇热闹，有旅馆数家。即在浙安旅馆午膳，膳毕，休息。午后二时，乘舆行。登叫口岭至叫口庄，自藻溪至此十里。从此山环水复，渐入佳境。五里，至白滩溪，又五里，至月亮桥。舆夫云：距西天目尚有十里。五时，抵西天目之禅源寺。寺旧为梁昭明太子之双清庄。元代至元年间，高峰大师（原妙）来西天目，于山半之狮子岩，创狮子正宗禅寺。其徒断崖（了义）、中峰（明本）相继，宗风极盛。元末毁于兵，明代松隐（德然）禅师重兴之，明末复毁于兵，其故址即今之开山老殿也。清康熙四年，请玉林（通琇）国师，重振高峰法席。乃就山下之双清庄。改建一新，即今之禅源寺也。洪杨之役，殿堂被毁者十之八九。同治以后，又渐复今日之规模。寺之正东有阳和峰，正西有翠微峰，西北为昭明峰，东南为旭日峰。门前东涧西涧二水，左右绕流。寺端居四峰之间，环山临水，气象宏阔，乃此山之主寺也。余等入寺稍息，知客师隆安，恳切招呼，啜茗进面点。以时尚早，遂从寺后东侧门出，登山，行二里余，至太子庵。庵在昭明峰下，以梁昭明太子得名。中有洗眼井，井圆形，在室内。僧人汲水，余等取以洗眼。庵之正屋，有楼五楹，颇清洁。楼中有额曰："幻隐，"夏日居此避暑颇宜。出庵，下山，复绕寺东出，至雨花亭。亭为方形，建于蟠龙桥上。东西二涧之水，合流其下，夏日大雨时，瀑流甚大。此时仅有潺潺之小声而已。余等在桥栏小坐，日色既暝，缓步而归。

十九日晴。晨八时，乘肩舆登山。仍由寺后东侧门出，向东北上升。一路大杉巨竹，阴森夹道，涧水潺潺，愈上愈激。寺僧洞巨竹为管，衔接之，通水入寺，以供饮用，诚天然水道也。五里，至半山桥，为东西分道处。东可向东坞坪，西可至狮子口。乃先向西行，有大石如门，当两山之隙，即狮子口也。其下有高峰大师全身塔，塔顶为圆形，名曰重云。左为狮子峰，右为象鼻峰。下为千丈岩，壁立千仞，临于深涧。由此再上，绕而东，路旁有洗钵池。池圆形，甚小，直径不过二尺，在老树根下。相传为高峰大师洗钵处。再上至中峰禅师之法云塔，塔前有大树，可五六抱。为西天目杉树之至大者。土人呼为树王。然其顶已折，故不如他树之高。近根周围之皮，多为人剥取，故筑垣以保护之。法云塔之前，有石塔大小七座，塔下皆为宽大之空洞，覆以石板，有小石门，以铁键启闭。凡寺内比丘圆寂，荼毗后，其骨灰以布包裹，投于洞中，方法至简，一洞可容多人，即僧人之公葬处，故名曰普同塔。复上行，五里，至开山老殿，高峰大师死关所在也。殿凡楼房七楹，中供释迦像。殿之后轩称大树堂，老殿地势后倚翠屏峰。门前俯视万山，以测高器测之，为一千一百五十米突，合华度约三千四百五十余尺。余等在此啜茗进点心，欲穷倒挂莲花峰之胜。寺僧云"路极难行"，遂命为导。由殿左侧门出，循小径曲折下坡。径险且窄，旁临深涧，苔藓败叶，堆积盈寸，滑不可履。乱石高高下下，无级可寻，余等攀藤扶葛，次第而下，愈下则愈陡而滑。所谓莲花峰者，乃渐渐呈露。左有凤凰石，如凤翘首展翅，右有二大石，矗立分开。中隔丈余，下为绝壑，俗称天门，自门中可望见莲花。再绕出天门之后，至崖边倚树望之，方是莲花之正面。大石分裂如五柱，上削下宽，高三四丈，谓为莲花之五瓣，实不甚似。盖俗名混滥也。其石纹层层横断，如老树皮。石隙有杂树挺生。所奇者，此峰隐于绝壁之下，断崖之上，非冒险寻探，殆不得见。西天目之景物，当以此为最矣。观毕复回老殿。余拟步登最高之仙人顶，而同人中能从者少。舆夫又强聒之，谓若登顶，则上下十六里，今日不及回寺，乃已。十二时从老殿侧西北上，至半月池。池为半月形，有小庵。午后一时，自老殿南下，盘道曲折，坐舆中如凌空而降。至半山桥分界处，折而东行。约三里，即东坞坪，有庵，俗称东茅蓬。门前有老杉两株，高可八九丈，玉林琇国师之塔在焉。塔后倚攒玉峰，竹林茂密，幽深可爱。二时，回禅源寺。进食后，与高、徐二君，观寺中之藏经楼、舍利殿、大雄宝殿、罗汉殿。藏经楼有《龙藏》及日本之《宏教藏》，舍利殿藏舍利二颗。因请观之，大如米粒。一玫瑰红透明色，一白色不透明。僧云："观此者各人所见不同。"但余与二君所见则一。观毕，复出寺散步，傍晚方回。

二十日晴。七时，赴东天目。自禅源寺东出，过雨花亭，逾朱屠岭，岭顶有茶庵。下岭，过仙人亭。有一小庙，庙前额曰："天目灵山。"西天目之下院也。八时，至一都村。市街整齐，溪流宽阔，居民多用水碓舂米。复逾板壁岭及六谷岭，岭顶有乐善亭，岭下有等慈禅院，相传为梁武帝遣兵马迎候昭明太子之所。九时，过梅家头，至昭明禅院，即达东天目山麓，昭明寺之下院也。院中有古文选楼，昭明太子在此撰《文选》焉。自禅源寺至此十五里。稍休啜茗。十时，登东天目山。升一岭，或云：金沙岭，俗称老虎尾巴。高下盘曲，旋绕而上，数里一亭，曰宝善亭、永敬亭、且止亭，此亭在象鼻峰下，俗呼五里亭。盖昭明禅院至此方五里也。西天目到处老杉巨竹，夹道成阴。虽在正午，行于其间，亦觉凉爽。东天目则不然，道旁无大木，日光直射，毫无荫蔽，故颇觉热。将近昭明寺数里，则松杉茂密，绿竹森森，东崖西崖，两道瀑布，澎湃下流，合而为一。东崖之瀑，较远而小，西崖之瀑，较近而大，高悬十余丈，有九节，直泻垂虹桥下。桥畔有新建之林海亭，可以观瀑，余等则履乱石，至瀑之正面久坐观之。高君吹万，且就瀑流濯足，东天目以瀑布胜，殆非虚语。过桥，登碎玉坡，其上有观瀑亭，后倚将军峰，居高临下，颇得势。再上，经栖凤亭，及回峰涌翠亭，而抵昭明寺。寺在玉屏峰环翠峰下，为梁昭明太子修禅处，东天目山之主寺也。规模小于禅源寺，且禅源寺在山麓，昭明寺在山半，地势之宽窄亦不同。大雄宝殿之右为禅堂，左为报本堂。后有千佛阁，中供毗卢遮那佛。三面壁间，皆装小铜佛。自昭明禅院至此为十里。正十一时半也。方丈朗镜，监院妙明，均出而招待。今日香客先余等至者有五十余人，较佳之房屋，均为所占。余等乃居于殿旁转楼上，略事休息。妙明先导游钟楼，由寺门出，西上数十步即至。楼建于狮子峰巅，为八角形。楼上供文殊、普贤、观音、地藏四大菩萨，楼下悬巨钟，为民国五年所造。每二分钟撞一下。声闻远近。十二时，回寺午膳。膳毕，休息。午后二时，乘舆由寺侧西北行。一路丛竹深密，中无杂树。五里，至分经台，梁昭明太子在此分《金刚经》为三十二分，故名。今仅有茅屋三楹，风景绝佳。台之西数十武，有葛洪炼丹池，池圆形，横约丈余，直径可丈五尺，旱潦不增不减。分经台高八百四十米突。台后可登绝顶大仙峰，余以昨日未能登仙人顶为遗憾，今日决拟登之。吹万、子为二君，欣然愿从，松岑则在分经台坐候。遂各脱去长衣，鼓勇而登。妙明亦易草履，为先导。山顶无大路，或为大石，陡峻难着足，或为窄径，败叶蔽之，滑乃更甚。偶不经意，即易挫跌。或为水流所经，须履乱石而过，登临之艰，与昨日之倒挂莲花峰相类。而路之长，则自分经台至顶有八里。三时发足，至四时半，始攀升绝顶。顶有大石，矗立如屏。石根有二小池：一曰龙池，一曰凤池，为瀑布发源处。又有垒石十数堆，名仙缘石。有石屋，内供龙王石像，天旱时，至此祈雨。绝顶高一千二百米突，约合华度三千六百余尺。友人袁君观

澜，于民国五年游此，测为三千九百六十尺。盖测高器因温度升
降关系，相差数百尺，乃恒有之事。袁测西天目之仙人顶，则为
三千九百三十尺，是则东天目乃略高于西天目也。登此四望，众
山皆小。凡在平地时，所见为高岭者，至此皆在足底矣。吹万题
五古一首，拾败纸，以铅笔书之，嵌入龙王庙之石檐。五时，下
山。六时，到分经台。休息片时，即乘舆自台而下。约二里，抵
定观台，俗亦名狮子口。折而北，步行至洗眼池。池为方形，纵
横约三尺，泉出石窍，清而且冽。亦为昭明太子洗眼处。余等坐
池边，掬水洗眼。池前新建屋三楹，颜曰"洗眼池"。时暮色催
人，即步行回寺。晚膳后，妙明出册页请各人题诗，金、高、徐
三君，各题一首，余题一偈塞责。

二十一日晴。晨，七时半，乘肩舆下山，初遵来时原路，
至马公亭，分路南行，即老虎尾巴之山阳，昨日经其西，今则经
其南，路甚平坦。八时，过紫阳宫及龙泉庵而至上阳村、下阳
村。九时，过于头村（于与偃同，土人读如念）。东天目至于头
十五里。又过荷花塘、潘村，至碧淙。四面皆山，泉流淙淙，绿
树阴浓，倒映入泉，故名碧淙。至此已上午十时，憩于庆余堂杂
货铺。复自碧淙东北行，逾一岭，岭道高下盘旋颇长，行半小时
方尽，舆夫呼为茅陆公岭。按《於潜县志》似应为门岭，於潜与
临安交界处也。又逾小岭，至琅山村，再登琅山岭。岭顶有天峰
寺，旧屋数间而已。自此岭下，过崇山亭，即为平地。十二时，
到化龙汽车站，自东天目至化龙四十里。余等在站旁小店，啜茗
进面食。昨日已遣人回杭州雇定汽车，午后一时半，汽车驰至。
二时，乘之回杭，四时，到清泰第二旅馆。遇邹君树文，来自苏

州，亦住于此。余等赴明湖浴室洗澡。六时，饭于三义楼。拟明日游花坞、灵峰及康庄，邹君加入游团。

二十二日晴。晨八时，分乘人力车出发。至古老和山，即秦亭山，下车，略事游览。山顶有衍庆寺，未及登，即下。再乘车行，过中和山而至开化凉亭。自亭侧上花坞，丛竹满岭，溪水下泻，境之幽静，与西湖之秀美，别是不同。余于八年前会到此，恍遇故人。十时半，由坞下，依原路行数里，再由小径曲折南行，经净心亭、观音庵，而至灵峰。灵峰原名小灵山，近人周庆云，斥资修葺，改名灵峰禅院。于殿右建补梅庵，种梅甚多，冬春之间，大好看梅。由庵上山里余，有徕鹤亭，正对湖中孤山。自亭远眺，全湖在目。钱塘江如匹练，横于湖水之上。余等在此流连，皆不忍去。十二时半，方自灵峰而下，绕道至山前，赴灵隐寺午餐。餐毕，在飞来峰下，共摄一影。即乘车赴丁家山，至蕉石鸣琴，登康庄，南海康有为之别墅也。地势颇高，可揽全湖，有屋数间，其下草地，利用天然蕉石作山，具有匠心。时天昏黑，隐隐闻雷声，四时，乘车循湖岸归，五时，回旅馆。今日乘人力车，适环湖一周，殆不下五六十里。晚，有雨，彻夜方止。

二十三日晴。晨七时，余与金、徐二君，乘人力车赴城站，趁沪杭特别车回。高君留西湖未行。徐君至嘉兴下车。余于十二时到沪。金君换乘沪宁车回苏。

按天目山梁昭明太子之遗迹甚多。《梁书·昭明太子萧统传》，仅云："太子性爱山水，于玄圃穿筑，更立亭馆，与朝士名素者游其中。"《南史·萧统传》，亦载此说，而传末复有太子为宫监鲍邈之谮于武帝而见疏，亦未载太子出游事，惟《东西天目山》志，均载"太子以葬母丁贵嫔，被宫监鲍邈之所谮，不能自明，与其臣崔张二丞，历天下胜地，隐于天目山。取汉及六朝文字选之，为《文选》三十卷，分《金刚经》三十二节，心血遂枯，双目俱瞽，取石池水洗之，乃复明，不数年，高祖遣人来迎，兵马候于天目之麓。因建寺为等慈院"云云。究不知何所依据，岂正史讳言其事。故不详欤？

游程须知

自余临长途汽车通后，由杭州赴天目者，可一日登山。

汽车价目：自松木场至余杭，约四十余里，每人大洋七角四分，自余杭至临安，约五十余里，每人大洋八角四分，自临安至化龙，约二十五里，每人大洋五角二分，皆分段购票换车。但临安至化龙，目前尚是土路。天雨时，恐不能行，仅至临安而止。

到化龙后，可雇肩舆，此处三余埠轿行，有价目表悬于车站。凡东西天目山往返者，舆夫三名，每名大洋二元九角，只游一山者，每名二元五角，皆以每名计，不论日数，即住山五六日，亦不加价，专送上山，不接回者，则不论名数，每乘大洋三元，租藤轿费，东西天目往返者，每乘一元，专到一山者半元。

化龙至东西天目，里数皆为四十里，先至何山，可以随意。自化龙赴西天目者，经过於潜县之横塘、藻溪、叫口庄、白滩溪、月亮桥而抵西天目之禅源寺。

自东天目回化龙者、经马公亭至上阳村、下阳村、於头村（於与偃同，土人读如念）。荷花塘、潘村、碧淙、又逾琅山岭。即抵临安县之化龙站。

若上午八时自松木场动身，二小时半即抵化龙站，可以至藻溪午餐。

西天目之禅源寺，东天目之昭明寺，均有清洁被褥，乘汽车者，行李须简。最好只带一件。

严子陵钓台记

钓台在浙江桐庐县西四十里，富春山下。有东西二台。为东汉时严光垂钓处。光字子陵，为光武帝之故人。光武即位，变姓名，隐身不见。光武访得之，授为谏议大夫。不屈，乃耕于富春山，后人因名其钓处为严陵滩。两台皆面临桐江之七里泷。江流至此，两岸为高山所夹束，风涛湍急，舟行艰于牵挽。东西两口，距离有七里，故名。

富春山色本秀丽，钓台更以人而显。凡往游者，均由杭州乘小轮至桐庐，再雇帆船，进七里泷。若遇风，则须停舟守候，无风方得进口。余于民国十七年之秋，与袁观澜、沈醉愚、周子美、邢复三四君，既游黄山、白岳，由新安江顺流而下。九月十一日，由七里泷之西口入，而抵钓台。其取道与自杭州往者适相反。

既抵台下，相将登岸。岸旁石亭中，竖两大碑。文曰："汉严子陵先生钓台。""宋谢皋羽先生西台。"进谒严先生祠，内供塑像，大耳短须，笑容宛然。其旁有客星楼，又有室三楹，为守祠后裔所居。东西二台相对，兀立如门。其石皆斧劈形，下削上平。余等从楼后先登东台，拾级转折而上，顶有石亭，中有额曰："留鼎一丝。"自台俯视，江流屈曲如带，四山环拱，苍翠欲滴，画眉之声，不绝于耳。台前有一石笋，高约三四丈，卓然特立，四无依傍，仿佛严先生之风骨也。台高二百米突，约华度六百三十余尺。此时气温八十四度。对岸有鸬鹚坡，居民数十家。

自东台而下，有一平坡，方广丈余，名钓鱼石。二台中间分道处，有石亭，无题字。过此即登西台，路皆蒙茸荆棘，有数段系乱石无数，较为难行。台顶亦有石亭，中竖碑曰："清风千古"。西台高一百九十米突，较东台略低。自西台望东台，岩石陡削壁立，背山面江，江中风帆点点，如在画图中。

谢皋羽，名翱。福建之长溪人。倜傥有大节，试进士不第，落魄漳、泉二州。会丞相文天祥，开府延平，署为咨事参军。及宋亡。天祥被执以死，翱悲不能胜，只影行浙水东，至钓台，设天祥主，恸哭者三，作《楚歌》以招魂。翱殁后，其友人方凤，葬之子陵台南。翱自著有《登西台恸哭记》，故后人称谢皋羽西台，得与严先生并传焉。

桐江为皖浙往来所必经，徽州人多经商逐利，其初出经商者，过钓台，辄蜷伏舟中，不敢窥视，意以严先生不求名利，若见之，即经商必失败。嗟乎，俗流之见解如此，而严先生之风，乃益高不可及矣！

鹰窠顶纪游

鹰窠顶在海盐县南三十里，每岁以十月朔日，观日月并出著名。本名云岫山，又名南阳山。其山巅观日处，则称鹰窠顶。世人因观日故，但呼鹰窠顶，而本山之名反隐矣。民国十八年十一月，友人金松岑，发起游此山，沈醉愚、周子美亦皆赞同。乃于十六日，偕醉愚登沪杭车赴硖石。松岑自苏州来，会于车中，以是晚九时抵硖石站。子美已自南浔先至，乃同寓于荣发旅馆。

十七日，午后，登永安小轮，赴澉浦。其轮用旧式民船，于船尾装一发动机以充之，构造不合学理，震动极烈，令人头晕耳聋。行三十里，至通元镇。又十里，至甪里堰，搬行李入小船。余等则步赴澉浦。沿途秋景尚佳，苍翠树林之中，间有数株红叶，美丽可爱。行六里，抵澉浦城，已五时半矣。城四面环河，各门皆用浮桥渡过。余等自西门入，借寓于盐公堂，堂中经理蔡君枫江，子美之戚也。招待颇殷，有宾至如归之乐。

十八日，晨九时，各乘肩舆出西门，行里余，过凤凰山麓，有大士庵在焉。六里，抵鹰窠顶后之永安湖。湖周围十二里，四面皆山，惟南一角，山不尽掩，可以望海。海水正与湖平，一片滩沙，晶莹荡漾。元时潴民田为湖，以灌溉附近之田。湖中有长堤，自东至西，分湖为二：曰北湖，曰南湖。南湖之地势较高，其水自长堤桥下，泻入北湖；北湖之东西两端，有大小闸口各一，开闸则泄湖水以灌田，故湖水春夏反浅，秋冬反深。北湖之东近大闸口处，有小洲二，一椭形，一圆形。其西近小闸口处，有湖墩。周围十亩，居民十数家，仿佛西湖之小孤山。湖中夏日有野生白莲，秋多红蓼，产鱼至丰。渔人驾小舟，列鸬鹚，鸣榔栎栎，声闻远近，驱鱼聚集一处，则放鸬鹚入水捕之。南湖较北湖为小，近多淤浅。余等在湖堤盘桓久之，群山含笑迎人，与湖水之清涟相映带，风景佳胜，故有"小西湖"之称。于是绕南湖之边而行，休息于步君问梅之家。步君世居于此，蔡君昨以电话告之，托为招待者也。

十时，步君为向导，同登云岫山。向西南行，过鲍郎浦盐场。其田作方罫形，纵横五百余亩，潴海水以为盐。其制法，俟海潮溢入田中，经日光晒干后，则连泥刮取之，贮于方井中，井底铺竹篾，竹篾上置稻草，其下复通以竹管，滤卤汁入缸，再取卤而煮之，方成盐。此盐行销于余姚等县，盐田尽处，即至云岫山麓。

山树石幽秀，而不甚高，余等循山麓曲折而上，约三里余，至云岫寺。寺前有双银杏树，高可数十丈，千年物也。寺内有殿三楹，殿前有天香亭，殿后有经楼，女尼四人居之。每岁九月晦日，远近男女，在此终夜诵佛号。夜半，则登鹰窠顶，观日月并出。故十月之朔，寺中甚热闹，后至者几无容足地也。余等自寺右登顶，约行里余，至观日处。测之，高仅三百公尺。东南望海，水天相接，风帆隐现其中。回顾山后南北二湖，已在足底，右海左湖，俯仰之间，真爽心豁目也。午刻回寺，蔡君已命厨人携酒食先至此，余等饮啖言笑，步君指看山景，历历如绘。且云："春来遍是桃花，较秋冬绝胜。"谆约后游。金、沈二君，于酒罢，各自题诗于壁。

午后，自寺左向西行，逾南木山而至谭仙岭。岭在南木、北木二山之间,为海盐诸山发脉处。其下即永安湖也。岭有城堡,堡长方形,有南北两门,为昔时戍守处。海盐与海宁,以此为交界。《志》称南唐仙人谭峭,字景昇,炼药兹山,得道仙去,故以为名。由岭而下,循北湖之岸而行。此行却环绕南北湖一周,揽尽湖山之胜矣。三时,回澉浦,为时尚早。小憩后,蔡君又导出东门观海塘,往返三里余。游鹰窠顶者,若自嘉兴乘轮赴海盐,则可在海盐乘人力车,循海塘至澉浦。沿海风景,亦绝妙也。

十九日,晨八时,仍乘肩舆出西门,过用里堰,而至夹村,入海宁县境。十时,抵袁花镇。十二时半,乘长途汽车赴海宁。袁花至海宁之汽车公司,属商办者。车既破旧,路又不平。车行前俯后仰,时时跃起,乘客极不安。可与前日所乘之永安小轮,后先竞美。我国商人组织公司,大率资本短少,办事苟简,只图目前近利,置旅客之生命于不顾,真可太息!汽车沿海塘而行,从车窗望钱塘江,午潮正汹涌拍岸。八月观潮,亦不过如此。一时半,抵海宁站,汽车须二时后方开,乃至观潮亭前游步,潮虽退落,而尚声震远近。江边有镇海塔,凡五层。又有铁牛,蹲伏塘上,亦为镇海之用。牛之前蹄,镌七言四句曰:"维金克木蛟龙藏,维土制水龟蛇降,维犀作镇奠宁塘,安澜永庆报圣皇。"旁署:"雍正庚戌年造。"二时登车,海宁至杭州之汽车公司,属于官办,车亦破旧,而道路较平,比袁花来时稍安矣。四时半,抵杭州,宿于湖滨旅馆。鹰窠顶之游,四日而毕。此后即游会稽,另文以记之。

会稽山水纪胜

民国十八年十一月，余偕金松岑、沈醉愚、周子美三君，自杭州渡钱塘江，至萧山县之西兴，复乘萧绍长途汽车至绍兴。寓城中新旅社。叶葵轩、曹吉人二君来招待。曹君且连日伴同游览，皆松岑之友也，会稽之兰亭，以春游为宜。今已秋末冬初，故未往。游踪所及者，为禹陵、曹山、吼山、宋六陵、柯岩。凡四日而游毕。分纪其胜景而如下。

禹　陵

禹陵在绍兴县东南十三里，夏禹王巡狩至越，因病殂落，葬于会稽。俗称禹王庙。余等自城中雇人力车出会稽门，行十五里至焉。庙貌巍然，规模宏大，惜多倾圯，正殿之顶，已圯其太半，相传悬穸之处无可考。明嘉靖年间，闽人郑善夫考定在庙南数十步许。知府南大吉，遂立石，刻"大禹陵"三字，覆以亭，且构室焉。今此亭经后人修葺，尚完好。亭中有穸石竖立，为椭圆形，长可丈余。石之两旁，各有一碑，左镌"禹穴"二字，右镌"石纽"二字。"禹穴"二字，相传为李白所书。"石纽"二字，篆法奇古，体似岣嵝。观毕，雨已大至，遂至殿门前廊下啜茗，守庙之人皆姒姓，禹之后裔也。雨稍止，仍乘人力车回城。

曹　山

曹山，在县东南三十里。出绍兴东郭门，雇乌篷船而往。十里，过东湖之尧门山。山石如斧削，壁立湖畔，顶有老松特立，疏落有致。复行二十里，至舞阳桥。桥之两端各有庙，曰舞阳庙，俗因呼双庙桥。至此乃易小舟，荡桨入港。约里余，抵曹

山下。亦称曹家山。山小而极奇，为明人陶望龄读书处。有室三
楹，中有楼，原名石篑山房，今为沈姓所有，颜曰畏庐。山口有
水闸，闸不启不得入，乃由舟子通告沈姓，启闸摇舟而入，则见
悬岩环于三面，其下积水成潭，曰放生池。池畔岩壁，镌"观鱼
乐"三字。总称之为水石宕。绍人开山采石，以材料筑宫室坟
墓，其开采别具匠心。凿石所留，或削如壁，或锐如峰，或挺如
柱，或裂如门。岁久，风霜剥蚀，苔藓蔽之，藤萝绕之，蔚为奇
景。尧门之峭削，水石宕之玲珑，皆人工所成也。池之南有一方
石，突起水面，宽广可二丈余，其东北凿石成梁，长十余丈，跨
于池上。梁下有二洞，舟从洞进，更见山岩下穿上突，岩角有石
柱，斜伸入池，舟可绕过其下，沈氏之畏庐，倚山临池，占尽胜
境。余等舍舟登其堂，主人出外未归，图书满架，妇子嬉然，实
世外桃源也！

吼　山

　　吼山即在曹山之东南，与曹山一河相隔，度桥步行，约里
余，即至。一名犬山，亦名犬亭山，又名狗山。《越绝书》谓勾
践罢吴。畜犬猎南山白鹿，欲得之献吴王，卒不可得，故名犬
山。其高为犬亭，今则总称旱石宕。盖对曹山之水石宕而言也。
山下有烟萝洞，洞内峰峦环绕，奇石怪树，森然错列。前有池，
池畔旧亦有陶氏书屋，今为王姓所居。曹山如世外桃源，此则竟
是洞天福地矣！更进为万寂洞，就洞构小阁。曲折两层，中塑佛
菩萨像，有优婆夷二人，居此净修。登阁远眺，青山碧树，罗列
眼前。曹山已小如培塿，在烟萝洞外，固不知洞内尚有如此妙景
也。出洞，折而西南行，约半里，至云石山，俗呼棋盘山。有大

小石柱，四方峻削，高可数十丈，亦工人采伐所留，亭亭如云，故名云石。二石距离数十武。大石之顶，有二石横盖之，小者则横盖一石。大云石下有庵。曰云泉庵，高踞石根，颇得地势。游毕，仍返曹山。由小舟过大舟回城。吼山与曹山，本是一山，而曹山则为其附属耳。《县志》分为二山。今人则统称吼山，而曹山之名隐矣。

宋六陵

宋六陵者，南宋高宗、孝宗、光宗、宁宗、理宗、度宗之陵寝也。在县东南三十里之宝山，今名攒宫山。其地本泰宁寺故址。宋嘉定十七年，命吏部侍郎杨华为按行使，归奏泰宁寺之山。形势天设，吉气丰盈，遂诏迁寺，而以其地定卜焉。赴陵游览者，出绍城之五云门，乘船至尧门山下，更转向南行，至攒宫村登岸，有宋陵公所，在此雇兜子入山。修竹夹路，树木成荫，约行五里，即到陵地。荒烟蔓草，道莆不堪行。所谓六陵者，盖此指南渡后高、孝、光、宁、理、度六帝而言。实则尚有徽宗及三皇后之陵，共为十陵。殆因徽宗被虏于金，崩于五国城，金人送归梓宫，始葬于此，故不入六陵之数也。南陵皆南向，北陵除邢皇后陵外，皆北向。余等先至哲宗昭慈孟皇后陵，盖高宗之生母，随高宗南渡者。《宋史》绍兴元年四月，孟皇后崩，诏权宜择地攒殡，俟军事宁息，归葬园陵，此即攒宫之始。当时原拟军事定后北归，未尝以此地为永久之山陵也。孟后陵之南，为高宗之永思陵，其东为孝宗之永阜陵，又东为宁宗之永茂陵，高、孝、宁三陵并列。其南为光宗之永阜陵，以上为南五陵。除孝宗陵尚有享殿外，余皆无之。折而北，至徽宗之永祐陵，又北为徽宗显仁韦皇后陵,折而南为高宗宪节邢皇后陵,韦、邢二后,均与徽宗同时被虏,邢后亦崩于五国城,韦后则随徽宗梓宫南还,崩于临安者也。又向北,地势较高,为理宗之永穆陵,北五陵惟理宗有享殿,殿有额曰:"过去佛。"旁有联曰:"五季风颓昌正学,卅年泽厚育真儒。"南宋诸帝,惟理宗提倡理学,治绩可观,故联语云然。其南为度宗之永绍陵。以上诸陵,苟无碑碣,则与野田荒冢,了无区别。徘徊凭吊,无限苍凉,反不若民间中产以上之坟山,犹见松柏成林,郁郁气佳之象也。

《志》称元至元二十一年,江南总摄西僧杨琏真珈与丞相桑哥,表里为奸恶,将发掘宋诸陵金宝,宋遗民山阴唐珏,货家具,得白金若干,乃为酒食,阴召诸恶少,谓之曰:"尔辈皆宋人,吾不忍陵寝之暴露,已造石函,刻纪年一字为号,自思陵以下,欲随号收葬之。"众皆诺。夜往收贮遗骸,潜易以伪骨,取真者瘗之山阴天章寺前,六陵各为一函,每陵树冬青一枝为识,独理宗颅骨巨,恐易之事泄,不敢为伪骨。真珈既发陵,筑白塔于钱塘,藉以骨。号曰镇南。而以理宗颅骨为饮器。明洪武二年,始下诏北平,索理宗颅,西僧某以献,瘗南门高座寺之西北。三年,遣使访历代帝王陵寝。浙江以绍兴宋诸陵图进,复命礼部尚书崔亮,奉敕以理宗颅骨归旧穴。据此段历史,明代恢复宋陵,初未知有唐珏潜易真骨之事,其归葬旧穴者,仅理宗之颅骨,而理宗之尸身,则尚混杂于伪骨中,在钱塘白塔下也。今白塔已不可考,而山阴天章寺前之真骨瘗埋处,亦不得而知。然则所谓宋六陵者,已名存而实亡矣。古今来帝王家以金宝埋穴中,无益于死者,而有漫藏诲盗之实,卒召骇骨分散,身首异处之祸，夫岂徒宋六陵而已哉！

柯 岩

柯岩在县东南三十五里，山皆石骨，亦人工采伐所成。其下有柯水，相传蔡邕经会稽高迁亭，见屋椽竹东第十六柯，可以为笛，取用之，有异声，此柯山之所以得名也。余等自绍兴趁长途汽车赴柯桥镇，雇飞沙船一艘，东行约四里，抵柯山村。登岸，循小径曲折而上，先至柯岩东之普照寺。寺后有山岩如圆柱，平地拔起，就石势凿大佛，高可五丈余，庄严为金身，上建大雄宝殿。殿后凭山石，前建楼阁，高几与岩齐。殿左有屋三楹，颇整洁，其前空园，有石骨削立。下窄上阔，高出寺之正殿，上镌"云骨"二大字。正殿前有金刚殿，门左有钟楼。此寺依石佛建立，甚为奇特，俗呼石佛寺。循寺而西，即为柯岩，顶平下削，壁立千仞，上镌"柯岩"二大字。岩西有石窟，大可数楹，旧名烟霞洞。洞后石壁下有深潭，潭水清碧，广可五丈，横半之。依石窟之高下，建一庵，供北斗，故又名七星岩。庵前左壁有衡阳彭玉麟之画梅，其东有磨崖，为"一番风月千里烟云"八大字，径可尺余，旁亦署同治八年衡阳彭玉麟。循石磴东上，有朗吟阁，亦依岩建筑。再自阁后登柯岩最高处，有石龛，曰文昌阁。自阁而下，至庵之西偏，有泉三面回环，约亩余，曰放生池。池上建屋，曰柯岩耆社。社后有石亭，挺立池畔，曰自在亭。亭旁石壁，镌"小南海"三字。池后岩石深邃处，塑观音大士像，故又称观音岩。凡此岩石之奇特，不亚于浙之雁宕，均为人工筑成，亦足奇也。

绍人之凿山采石，其设计颇具美术思想，曹山、吼山、柯岩，皆其例也。其采伐方法如何，极应研究。适柯岩向西之龙头山，工人数百，正在开凿，砰轰之声，远震数里。急往观之，步入凿空之山洞，俯视洞底，已深至数十丈，四周凿成长方形，工人皆缘长梯而下，凿成之大石板，则以辘轳绞挽而上，此洞底若凿至泉眼，即深潭也。曹君吉人云："凡开凿一山，预定计画，若应开凿，若应留存，向高山开凿而上者，即在岩壁上规定尺寸，用巨铁钉钉入石隙，悬绳缒下，连以木板，工人持锥凿坐于板上，凌空动荡，一荡即乘势一凿，循石理成方形，或长方形，然后用水灌入石隙，石即裂开，或横或直，成为板状，缒而下之，工人之能悬空开凿高山者，其技较优，工资亦钜，每日做工，只数小时耳，开凿一部分，存留一部分，正如庭园中之布置假山，岩壑峰峦洞穴，可随人意，参差错落，成为奇境，以视吾乡之用炸药轰山，使山容顿变丑恶者，其巧拙迥不侔矣！"余等游柯岩毕，仍趁长途汽车回西兴。渡江返杭，一宿即回沪。

天童育王两山纪游

天童山

天童山，在鄞县东南六十里。晋永康中，义兴禅师结茅于此。有童子来给薪水，久乃辞去。曰："吾太白星也，上帝迁侍左右。"言讫不见。故又号太白山。清初为密云圆悟祖师有名之道场，敕赐天童宏德禅寺。至今临济宗之规模，犹与西天目齐名。民国十九年四月，与舒新城、季融五二君，约同游天童兼及育王。二日午后二时，至太古码头，登新北京轮船。乘客拥挤不堪，余等设法得官舱一间，五时开行，三人任意杂谈，颇不寂窦，夜半有风浪。

三日阴雨。晨六时抵宁波，登岸，至功德林进素面，即雇人挑行李渡甬江，约行三里，至凌波内河汽船公司码头，购票登船。九时开行，十一时半抵少白镇，计行四十五里，有天童中院僧人福修来接，遂至中院休息，进茶点并午餐。十二时一刻，余与融五乘肩舆行，新城因欲沿路摄影，独自在后步行，如马伏波之到处逗留，不久即与余等相隔。二里，过万松古迹，即万松关故址也。五里，至小白岭。岭上建有五佛塔，塔凡七级。五佛者，中央毗卢遮那佛，东方阿閦佛，南方宝生佛，西方阿弥陀佛，北方不空成就佛，乃密教中所奉之佛也。相传唐会昌时，有巨蟒为害地方，人民患之，后有禅师为蟒说法施食，蟒受食后，即驯伏不为患，因建五佛镇蟒塔，塔院亦归天童管理，修葺一新。登塔之上层，四望空旷，山峦回环，皆在足底。清风徐来，荡涤烦襟，夏日于此避暑，颇为适宜。自塔院下，仍乘舆行，十里至天童街，有太白庙。再前过伏虎亭，自此长松夹道，数里不尽，间以竹林，直抵古山门。额曰："太白名山。"，即天童寺之麓也。再过景倩亭，额曰："松关积翠。"旁有八指头陀寄禅撰联云："万松密锁云中寺，六月寒生溪上衣。"一时三刻，抵天童寺。自少白镇至寺，计十五里。天童之胜，全在寺前之松林，清阴满地，翠霭连云，游人至此，如在绿幕中行，而寺外东西二涧，汇流于清关桥，雨后奔流若吼，坐桥栏听之，不啻匡庐飞瀑也。故游天童者，以在寺外流连为最得佳趣。

宏法禅寺，规模宏大，其前有万工池。方广半亩，池南有七塔，进寺门为天王殿。四天王像，伟大庄严，再进为大雄宝殿，后为法堂，法堂前有宏德泉，泉长方形，中央以石叠成小岛，曰："观音阁。"堂后为怀海祠，祠前左为棱严泉，右为体净泉，皆方形。最后为大鉴堂与罗汉堂。法堂之西，有藏经阁，两庑楼阁轩堂，不下数十间。余与融五观览一周，即回客房休息。新城至三时三刻，方携其摄影器，珊珊而至，据云："已得好风景二十余片，成绩大佳。"余与融五各习太极拳一次。八时，即睡，预备明晨登山。

四日阴，有小雨，六时即起，七时半冒雨登山，由寺右西上里许，即玲珑岩。岩石下削上阔，势若凌空，名曰玲珑，称其实也。岩畔建一庵，曰玲珑窟。窟依岩开门，内为小方殿。殿中有石观音像，殿旁屋三楹，有老僧曰了尘者，安禅其中，日食一餐，终年不睡，见人亦不语。在此静修已十余载矣。自玲珑岩上至观音阁，约二里，昔时路径崎岖，颇难登涉，民国十二年秋，吴兴周梦坡居士，以花甲寿辰，来天童作佛事，慨然斥资修筑，路成，名为甲寿径，游人便之。自径而上，先至盘陀石，石穹窿略作圆形。左右树木萧疏，大有云林画意。再上为悟心洞，旧名穿心洞。因其岩石嵌空，前后通光，故名。今易悟心，殆以旧名不雅也。再上为飞来峰，乱石叠成尖锥形，高不过二三丈，而峰势天成，故借名飞来。峰侧有密云悟祖发塔，自此扶铁栏而上，为观音洞。相传昔有观音大士，现身岩上，影映万工池中，故名。洞对面有拜经台。在台上俯视，四山环绕，天童全寺，一览在目。新城促我在台上拜经，融五立于侧，彼以摄影机摄之，亦至有意味也。《志》称玲珑岩东北绝壁间有二洞，曰观音洞，曰善财洞。今仅观音洞，修葺整齐，善财则荒废不堪矣。天童自玲珑岩至观音洞，为全山胜景所在，故甲寿径亦至此而止。欲登玲珑岩之顶，则惟樵径可通，陡峻不易着足。且隔年落叶没径，经雨尤滑。惟不甚高，余等鼓勇造其巅，以测高器测其高度，得四百二十公尺。遥望太白峰。尚高耸云际，白云片片，出其左右，大风狂吹，雨势复盛，乃不克再上，取道山南而下，较登山时多行四五里，而路较平。十二时，回寺午膳，一时半，各乘肩舆出寺南行，绕南山谒密云悟祖塔。祖名圆悟，宜兴人，为中兴临济宗之大师。因天童古刹久废，慨然以兴复为己任，今海内之大丛林，师之力也。塔院前有肃敬亭，从亭进数武即至塔院。复自院折而西，过伏虎亭。仍循昨日来时原路，逾小白岭。三时半抵中院，稍停即行。四时一刻，至育王寺，寺宏大不及天童，而富丽过之。惜天王殿新毁于火，闻损失二十万金云。知客远眺，住持远行，招呼周至。安顿行李毕，三人同出寺外散步。回寺晚餐，十时即睡。

育王山

育王山在鄞县东五十里，其下有阿育王禅寺，晋义熙年间所建。梁武帝赐"阿育王寺"额。余于民国八年十一月，曾偕海盐徐君蔚如至寺，瞻拜舍利，故此次为重游也。昔阿育王以佛真身舍利，送于震旦，故寺亦因以为名。

四月五日，晨起早餐毕，由知客师导观全寺。寺前气象宏阔，松林环之。有小山横其前，名曰玉几。寺之大门，额曰："阿育王寺。"内山门额曰："东南佛国。"门西面有松，高下十数株，中有小松，以石栏围之，曰放光松，因其夜间曾放光，故有此名。然据《志》称，此松高仅丈余，虬枝偃地，旁荫数亩，今则仅一疲弱之小松耳，疑非其旧也。门以内有井，曰妙喜泉。天王殿前有大方池，曰莲池。池四围石栏，栏之内，南面镌"鱼乐国"三字，北面镌"阿耨达池"四篆字。天王殿既毁，一片瓦砾。工匠数十，正从事搬运，焚余之梁柱，横卧地面，皆合抱之巨材，可想见建筑之壮丽，幸大雄宝殿，未遭殃及。大殿后为舍利殿，殿凡两层，其上皆覆黄琉璃，金碧丹艧，备极庄严。中供舍利金塔，塔下方上锐，高一尺四寸，广七寸，基四方形，上有露盘五层，其中悬小金磬，覆如盖，径可寸许，舍利缀于磬下，圆转不定。是时礼拜舍利之人甚多，日本人亦多远道来此者，其仪式，先在殿上礼拜，再至后庭中，二人一组，一在东，一在西，皆跪于蒲团上，合掌恭敬。有一僧人捧塔至各人面前，以次传观，观者自塔之下层直棂中，向上仰视，各人所见不同，亦有不能见者。余先见金磬，后见舍利，为透明玫瑰红色，大如宝石。新城则先见黑色，次变黄色，后变红色。融五反复仰观多次，终不能见。即如余于八年来谒时所见者，形如大豆，上狭长而下圆，略如茄，色如翡翠，上部深绿，下部淡而有光，与今所见亦不同，诚不可思议也！舍利殿后有母乳泉，泉方形，其水乳白色。再后为藏经楼，楼系新建，髹漆光可鉴人。上贮龙藏，楼后有供奉泉。泉为方形，以石栏之。唐肃宗时，内供奉范子璘，为母至寺礼塔，因凿此泉，故名。寺后山上有两大石并峙，相传葛仙翁曾在石上书"才翁"二字，故名仙书岩。

由寺西登土山，有一石，高不过五尺，突出于土山之顶，曰飞来岩。全山皆土，此石忽然特立，故名飞来。再迤逦而上，至上塔，塔建于六朝刘宋时，高七级，代有兴修，今已颓废。其基当郧山之麓，《志》称："登其巅，可以望海"云。测其地，高仅百尺。塔下有佛迹石，两石相并，上镌"佛迹"二字。右石上有洼处，相传为迦叶佛之左足迹。石畔建方亭，曰佛迹亭，中供迦叶佛像，自亭而下，得一泉。冷冷有声，汇而为池，曰"冷泉"。寺西五十步，尚有一塔，高亦七级，为唐明皇所建，今称下塔，亦已荒废。

十一时回寺午膳，与僧作别。步行二里余，至宝幢，登郧溪公司汽船。十二时一刻开行，二时到宁波。登陆，渡甬江，至海轮码头。融五因尚须赴雪窦及普陀，至此分别。余与新城登太古公司盛京轮，一夕而抵沪。此次同游三人融五有太极拳癖，无时无地，皆扬手作势。新城有摄影癖，遇好风景，即流连忘返。融五见新城摄影时久，恒不耐而他去，或坐山顶，或徘徊松林间。新城见融五习拳，亦恒顾而之他。余则遇融五习拳时，则随之习拳，遇新城摄影时，亦携摄影器，与之俱摄。于二者虽不成癖，乃兼而有之，三人相与闲谈，恒引以为笑乐焉。

超山探梅记

出杭州清泰门东北行六十余里，有地名唐栖，其山曰超山，以梅花著名。早春花开，游人众多，且有宋时古梅，尤为名山生色。友人之曾往躝屐者，则批评不一，或谓与邓尉亦可相仿，或谓梅花之多，不如邓尉，宋梅尤消瘦堪怜，并不足观，且真假不可知，可不必往。余曰：否否。超山之宋梅，吾人固不能就梅之本身，遽下批评，当先考其历史，则寻梅吊古，趣味幽深，乌可以考证眼光，断其真假，遂谓不足观耶！在元代至元二十一年，西僧杨琏真伽，与丞相桑哥，表里为奸，谋发掘会稽宋六陵金宝，有义民唐珏者，毁家财，夜率侠客，潜往启陵寝，取宋代诸帝骸骨，另以石函贮之，瘗于山阴天章寺前，每陵各植冬青一株以为识。事毕，则归隐于超山，又手植梅花，以寄高致，此唐栖之地名，及宋梅之由来也。余于年年春初，辄动游兴，或因事，或无伴，卒未果！民国二十年三月之初，始偕吴江金君松岑，及其族弟仲禹往游焉。钟君钟山、邵君潭秋、在杭招待。先一夕抵杭。次晨，共乘公用局汽车前往，行一时半，抵山西村下车，乘藤舆进山，一路已见梅林。半里，至报慈寺。寺之前进，即古时所称香海楼也。楼外梅花数百本，均已盛开，清香阵阵，沁人心脾。楼之右则所谓宋梅者在焉。虬干斜倚，分而为二，支以湖石，一上张如伞盖，一蟠屈至地而复起，皮皱若鳞，苔纹斑剥，作深青色，真可谓古色古香，耐人寻味者矣！宋梅围以石栏，其四周之梅树，如环如拱，相传皆明产也。近有吴兴周梦坡，构亭于香海楼之左，曰宋梅亭。且请安吉吴昌硕，图宋梅之形，复为之记，并镌于石，竖之香海楼中，亦韵事也。余等流连久之，在寺午餐。住持正法云："超山百里之内，皆种梅树，迩来海上制造之陈皮梅，行销外洋，为大宗出品，原料多取给于此，每岁出产有四五十万金，故土人多有将桑田改为梅田者。"犹忆十余年前，游苏之邓尉，讶其梅花之少，名不副实，询其原因，乃系农人以种梅利薄，改种桑树，致使山容丑陋异常，令人扫兴，今超山则反是，非邓尉之人俗，超山之人雅，盖亦时代变迁，商业经济之影响也！餐毕，乘藤舆出寺，由寺左登山，磴道曲折，行于森林之中，林多松杉，间以杨梅枇杷，倘夏日果熟时来此，满山红黄累累，当有可观！长松之隙，遥见半山梅花，如雪如雾，恍若缟衣仙人，隐约招客然！行一里，至妙喜寺，俗名中圣殿。寺倚山建筑，重楼叠阁，愈上愈高，对面有泉，水深碧色，清澈见底，寺僧建亭于其上，名也冷亭。从亭后再登山，数十步，有新建方亭，据半山之胜，尚未题额。自亭北俯视，有小山，名马鞍。唐义民珏之墓在焉。山下红墙隐现，即中普陀寺也。自亭西俯视，见一小湖，曰丁山湖。再登山，约一里，至玉喜寺，俗名上圣殿。殿前怪石嶙峋，色皆黝黑，而作大斧劈形，有大石十数挺立，天然成为二门。故寺额又镌"头天门"三字。余等不入寺门，自其侧乱石中，寻小径升山顶，一探怪石之胜，愈上则石愈多，或蹲或立，或上耸，或倒垂，至顶则磊磊骈列，如待客者，俗呼此为八仙石云。遂由寺之后门下山，出天门，逾超山中峰南行，五里，至乾元观。观后之海云洞，为超山胜处，急往探之，洞有二，其下为水洞，其上为旱洞。游者先经水洞，则洞壁穹然，石色似铁，镌"卧龙渊"三字。渊水空澄，可鉴须眉，架石桥以通之，自桥而上，历石级三十余，即至旱洞。洞深而黑，中供龙王，故俗称龙洞。洞中甚暖，游者须解衣，否则不耐。据云：其上更深广，但无级可升，又无火炬，秉烛照之，光不莹彻，莫能穷其究竟。洞底水声汹涌，奔流而下，即汇为水洞者也。自洞出，啜茗于卧龙渊上，此洞开辟于唐五代时，宋赵清献公重建之。今所镌"海云洞"三字，为清献手笔。惜俗僧不解事，以此地为炊所，名贤遗迹，几埋没不可见矣！明嘉靖间，有布政司丁松坡，亦重修是洞，其子西轩，乃就观旁另辟石洞镌其父石像于中，旁有二侍，额曰："丁松坡。"更在洞旁石壁镌碣有记事及题咏，惜多磨灭，不可卒读。西轩殁后，亦于其旁辟一洞，镌石像，额曰："西轩丁公。"自卧龙渊迤逦至丁公洞，尚有镜心池、摸石池、濯缨泉诸胜。此时水小，皆干涸见底，当于大雨后观之。出乾元观南行，五里，至亭里村。是村周围十里之内，均是梅花，行于香海之中，至此方得尽寻梅之兴。而种梅人家，妇孺嬉嬉，怡然自乐，即鸡犬亦有闲适之意，梅村亦不啻桃源也！薄暮，驱车至临平，在市楼晚餐。餐毕，乘火车返杭州。超山之游，自山北至山南，计一日而毕，兹山之胜，当以梅、石、洞、三者并称。宋梅有历史之价值，固勿论，而山南之梅花，尤多于山北，谓为不如邓尉，是龁言也。是故不至玉喜寺，不得见怪石之奇丽，不至乾元观，不能探龙洞之幽胜，不至亭里，不足展梅花之大观，余对于超山之感想如此，后之游者，或勿河汉斯言欤！

八堡观潮记

民国五年，沪杭路初开观潮车时，余即赴海宁观潮。迩时沿江支搭临时草棚，设备极简。潮头之来，平直如线，高不过三尺余。约五分钟，即拍岸而退，观者多不餍所欲。余于是十余年来，未尝动观潮之兴。去年十月，海宁县东十余里八堡地方，洪潮冲毁塘岸，淹没田庐，省政府赶派工役抢修，于是世人皆知彼地之潮，大于海宁。中国旅行社乃发起八堡观潮，号召游客。余亦遂有第二次观潮之举。友人汤君爱理，约余同游。且云："吾曹平日困于笔墨，脑经过劳，当此秋色晴明，正可往西湖盘桓数天，不必乘观潮车，过于迫促，古人所谓莫放春秋佳日过，此语深有味也！"余曰："然。"决计以民国十九年十月八日动身，又恐游客众多，杭州旅馆无隙地，先一日，驰书陆君步青，托为预定旅馆。

十月八日，午后赴北火车站，登沪杭特别通车。果然乘客拥挤，幸余到早，占得座位。汤君以三时半来，已无座矣。五十分开行，一路谈天，并揽窗外秋色，尘襟为之一涤。九时三刻，抵杭州。陆君步青，已在站迎接。据云："湖上旅馆，皆告客满，幸湖滨旅馆有熟人，与之再三磋商，始让出一房间。"遂共乘汽车抵湖滨。安置行李毕，至湖滨公园散步。是夜月明如镜，因岸上电灯繁密，侵夺月光，不能十分畅玩。爱理乃提议泛舟，步青以时晏，先别去。余与爱理共乘小艇入湖中，时已十一时，湖中寂静，仅有我等一叶扁舟，荡入深处，愈近湖心，月光愈朗，直至三潭映月，而月光分外皎洁，乃为生平所罕见！盖余虽屡至西湖，而深夜泛舟玩月，乃第一次，真有"人生能得几回"之感！于是命舟子停桨，徘徊久之，徐徐荡桨而返抵岸，已十二时。腹中觉饥，遂至市楼啜粥，始返旅馆。余向来十时即睡，若此次之爱月眠迟，亦一年中仅有者也。

九日，晨起，闻今日潮信最大，本拟往观，而杭埠汽车，已悉为旅行社包去，步青向公路局预定之车，须明日方有，好在先与爱理，本拟在西湖休息尘劳，乃决定游湖。九时雇一小艇，任其所之。先入里湖，登岸，至新新旅馆进早餐。餐毕，闲步至岳坟，吊苏小与秋瑾之墓。复泛舟，游郭庄、刘庄。湖上风景，余等固已烂熟，不过兴之所至，偶尔登陟，意固不在游览也。午后二时登岸，至功德林素餐，餐后回旅馆假寐。四时复泛舟，至湖心亭。后至中山公园，已暮色苍茫，炊烟四起，遂棹舟而返，仍至功德林晚餐。归后及早安睡。

十日晨起，与爱理至湖边散步。九时半，陆君步青与其夫人携子女以汽车来迎接余等，遂共乘之。出清泰门，行一时半，过海宁城而达八堡。计自杭州至此，凡行五十四公里，合普通里数为一百零八里。此时正为十二时三十分，潮尚未至，而观者已麇集江岸。余等至茶棚小憩，徐步海塘边，观新修之石塘，作凹字穹形，盖所以减潮之冲激力也。此塘于今年七月十三日竣工，省政府立石以为纪念，名溪伊斜坡石塘。溪伊殆原来之村名，俗又呼大盘头，今云八堡。乃自杭州起点，划分沿海区域，至此乃第八段也。十二时三刻，遥望水天相接处，有白练一条高起，轰轰之声，远震十余里，乡人呼曰：潮来矣！未几，潮益近，轰声益高，恍若军队，列成长蛇阵，步伐整齐，滚滚而前，向石塘进攻，潮头之高，可及丈余，是曰南潮。南潮未拍岸时，遥望东面，又突起一潮，恰如一纵队，挺进直前，与南潮正交，作丁字形。两潮相激，潮益高，声益大。既而南潮先横拍石塘，水石相击，浪花四溅，江面全皱，白沫横飞，余立近塘边，襟袂为湿。斯时东潮直捣南潮后方，高可二丈余，忽起忽伏，宛似骑兵千余，向前冲锋，斜掠石塘。巨浪越过塘角，立于此地之观众，几逃避不及。如此两潮起伏，攻扑塘岸，不下十数次，为时可十余分钟，较诸海宁，仅堪一瞥者，盖远过之矣。观毕，仍乘汽车而返。抵海宁，已午后一时。乃下车游中山公园，复至潮神庙。庙建筑宏丽，柱皆白石琢成，刻画工细，屋面盖黄瓦碧琉璃，想见当年盛况，惜今多颓废矣！陆君邀至市楼午餐。途遇王伯沆、钟钟山二君，渠等先一日宿海宁，仅观海宁潮，余告以八堡东南二潮胜况，伯沆叹曰："我等错过矣！"餐毕，驱车返。游客汽车衔接，不下百辆，乡民立于道旁聚观窃笑曰："彼辈何太痴！此潮乃日日来，有何足观？"噫！我辈观潮，乡民观人，彼此相较，同是一痴，世间之事，大抵习见则不鲜，少见则多怪而已！四时，抵湖滨旅馆，爱理下车，余则至陆君寓中闲谈。其寓临湖，为贝氏别庄，楼阁玲珑，前有大树，并桂花十余株，余香满室，尚未凋谢。余在回廊倚榻面湖，逍遥自乐，六时归旅馆。今日庆祝双十节，有各机关之提灯会，沿湖游行，鼓乐张灯而过，而湖中则以数十小艇，张挂红绿灯，衔尾游行，远望之，蜿蜒如火龙，煞是热闹！是夕，陆君伉俪，宴余于功德林。

十一日晨起，复与爱理步行湖边。绕至苏堤，领略晓景，九时半，雇汽车赴城站，乘特别通车回沪。近来游山伴侣，日见其少，余又不如往昔之年少气盛，能一人掉臂入山，兼以四方不静，故恒不克远游。此行往来四日，皆遇畅晴，天气之佳，为历来旅行所未遇，虽小小游踪，亦有足记者矣。

雪窦纪游

四明山水，以雪窦称第一。山在奉化县西北五十里，其脉自天台山来，迂回曲折，至奉化而奇峰突起，群山环抱，极擅胜景！余屡拟往游，去春，金君松岑，有约而未来，以沪甬海轮，一夕可达，乃决计独往。二十年十月二十三日，临行，汪君仲长，忽来加入。余以有伴不寂寞，颇为欣喜。午后三时，先赴太古码头，登新北京轮船，为汪君预留一舱位。四时，汪君匆匆赶至。五时，开行。二人在船，随意谈天，汪君虽与余在光华大学共事有年，而畅谈机会，则始于今夕也。

二十四日晨，六时，到宁波。余等盥洗毕，进早茶，即登岸。乘人力车，至南门宁波公路局汽车站。无意中遇王君仙华，渠亦赴雪窦者。斯时汽车尚未开，而乘客特多。仙华倡议，合雇一小汽车，可以先行，余等赞同之，遂雇定一车。于一小时中，行四十公里，抵入山亭。公用汽车，至溪口站为止，由溪口至入山亭，例须换车，余等自雇之车，可以径达。方车抵溪口，已升山麓。沿途峰峦耸秀，久居尘市之人，到此胸襟顿爽！入山亭者，乃入山之要道也。八时，分乘藤轿登山，五里寒华亭，又五里慈心亭，又三里御书亭。亭有石刻"应梦名山"四大字。相传宋仁宗尝梦至此山，故书此四字赐之。又里余，至青锁亭。亭筑于关山桥上，即昔时之锦镜桥。桥正对雪窦山之资圣寺。东西二涧，绕寺合流。过此桥下，名瀑布泉。泉喧轰于乱石间，至千丈岩之缺口，直泻而下，即著名之千丈岩瀑布也。余等以为时尚早，乃未入寺，先往观瀑。过桥南行，斜上数十武，为飞雪亭，亭在千丈岩之上，新用水泥建筑。其东正对瀑布，凭栏俯视，瀑自岩隙奔流倾泻，上部为三节，至中部，岩腹有石，突兀横出，将瀑分为三支，洒若飞雪，此亭所以得名也。出亭向南，绕而上，为妙高台，亦名天柱峰。峰顶平如台，高出众山之上，故名。以测高器测之，得三百二十公尺。资圣寺建于明崇祯之末，毁于山寇胡乘龙。至清顺治年间，有石奇禅师讳通云者，重兴之。禅师圆寂，建塔于天柱峰。今则蒋介石建一别墅于此，洋式楼阁，焕然一新。台之西坡，有两亭，一高一下，亦用水泥建筑。僧人恒宗居此，招待游客，甚殷勤。余等在此稍憩啜茗，因询恒宗以隐潭之胜。恒宗云："隐潭山离雪窦不过五里，今日若先到上潭，再回资圣寺午餐，为时尚从容也。"余等遂出妙高台，步行赴隐潭山，向西斜上，过唐家坡，测其高四百二十公尺。行五里，抵隐潭山。山在雪窦之西，有东西二岙之涧水，汇流而下，迤逦成上中下三潭。下潭之水，至镇下亭，与千丈岩之瀑水合，名为剡溪。东流至溪口镇，而其流益大。东岙与西岙相对，有双峰，壁立峻削。两岙之水，从峰间下泻为瀑，自其旁历石磴而下，十余盘至涧底，仰见悬瀑，是为上潭。潭上有龙王庙，为旧时祈雨之所，故亦称龙潭。观玩久之，时已向午，不及至中下潭，拟明日往探，即折回，循山径向东南行。五里，过偃盖亭，而至雪窦山之资圣寺。寺僧云："昨日奉化县知事章君畴（骏）在此等候，竟日而去。"盖余临行前，以一人独游，恐人地生疏，曾函告章君，章君计算日期，相差一日也。余等在寺午餐，餐毕，王君仙华先回宁波，王君自云："先来探视山中景状，如行路无艰难，当偕其夫人再来，故来去匆匆，意不在山云！"

资圣寺历史甚古。据《志》云：晋时有尼，结庐山顶，名瀑布院。唐会昌元年，始移建于山窝，后为贼所毁。咸通八年，重建，改瀑布观音禅院。景福元年，常通禅师住持此寺，遂成十方丛林。宋淳化三年，建藏经阁。真宗咸平二年，改今名。云门宗重显（谥明觉）禅师，于此建立道场，大畅宗风。厥后屡毁屡兴，直至清初，石奇禅师，又复重兴，则由云门宗而改为曹洞宗矣。寺门有四明第一山竖额，入门为金刚殿，再进为大雄宝殿，后为藏经阁，余等即居于阁下。寺址虽在山窝，尚高三百公尺，其后正倚乳峰。东则杪萝东翠诸峰，西则屏峰诸山，其前豁为平畴，直对关山桥。东西两涧绕之，汇于寺西之伏龙桥，折入关山桥下而为瀑布泉。余告汪君："千丈岩瀑布之上源，即在寺前关山桥，盍往观之？"汪君欣然！乃于午后三时出寺，自关山桥沿涧而下，履乱石渡水，直逼千丈岩之缺口。俯而观之，方知涧水汇流于石上，至岩缺乃一泻而下，成巨大之瀑布也。闻每岁中，恒有到此舍身者，数日之前，曾有人自岩投下而死云。余于名山胜处，最喜流连，仲长亦然，遂各择一石坐久之，尽情欣赏，至夕阳将下，方回寺休息。是夜，月色甚明，晚膳后，与仲长在庭中玩月，明镜当空，天净无云。寂寂深山，偶闻犬吠，此景此情，何可多得！忆曩年八堡观潮，夜半在西湖泛月时，正各极其妙也。今日步行不过十余里，仲长欲观余之太极拳，乃于睡前练习一遍。

二十五日，晨五时起；七时，进早膳。仲长健步，不喜乘轿，与余有同情，今日决计由千丈岩脚，观瀑布之下部。再绕岩行，以探下潭、中潭之胜。正拟觅引路者，而资圣寺之僧人，皆未到过隐潭，不识路径，适恒宗至，遂邀之同行。于八时出寺，从御书亭左之百步阶曲折南下。五里，至千丈岩之麓。仰视飞瀑，比昨日在飞雪亭对面所见者，更觉壮快！瀑上部较小，中部为岩腹横出之石所阻，分作三支后，其势乃大，自上至下，折成七八叠，白沫飞洒，溅及襟袖。其下汇为深潭，潭水碧色，奔流于乱石间，成一溪，即南流与下潭之水，汇于镇下亭者也。有新筑石桥，跨于溪上，名仰止桥。桥畔更筑二层长方平台，以水泥为之。据僧云："本年夏雨时，瀑布面积，较现在大数十倍，故新筑平台，其栏为水冲毁，仅余欹斜之铁筋而已！"余等坐仰止桥畔，恣意纵观。昨既观瀑之上源，又在飞雪亭观瀑之远景，今又仰观瀑之近景，且探其深潭，瀑之来源去路，尽在目中。凡游雪窦观瀑布者，不到仰止桥，固不能尽其胜也。于是自千丈岩缘溪而行，履乱石渡至对岸，有石立于路隅，镌"乐不"二字，大可径尺，游者至此，云胡不乐！此二字深有意味也！右望千丈岩，周遭如石城，其西有石笋离立，高与岩齐者，名石笋峰。再西行，至溪水与下潭之水合流处，又履石渡溪，折西北登隐潭山。磴道盘曲，约行七里，始抵下潭。潭水广可半亩，悬崖覆之，若夏屋然。仰见一线天光，不睹云日，瀑水从旁注潭中，蜿蜒如白虹。再上里余，得中潭。其瀑亦自岩端冲激直下，约十丈余，声震数里，其下亦汇成深潭。瀑水大时，游人不能近，今水小，故可攀登对面石上观之。再上二里，即上潭。以昨日曾到过，即不去。统观三潭，当以中潭为绝胜，可与千丈岩瀑布媲美！千丈之瀑，长而曲折；中潭之瀑，短而雄直；可谓各擅胜场！余来游时，以雪窦为小山，初不措意，今晨出门，未携干粮及热水瓶，至此日已正午，又因行路多，汗透重衣，饥而且渴，屈计回寺午膳，决来不及，乃嘱恒宗先从上隐潭回妙高台，备面食，遣人送至仰止桥畔以待。余等仍遵原路而回，口渴甚，则与仲长手掬溪流饮之，甘冽异常。固然渴者易为饮，而泉味则诚美也。复至千丈岩下。遥见妙高台侍者，已携盒先在。余与仲长席地坐，一面观瀑，一面啜茗进面，告仲长曰："好景难再，不妨多留，我等可大啖，以当午餐。不必回寺。"仲长然之。斯时日昃向西，阳光正照瀑上，飞沫折光，五色斑烂，矫如垂虹，仿佛雁荡之大龙湫，美哉叹观止矣！从岩脚西上妙高台，有新筑磴道，极其陡峻。盘曲而上，每数十步，辄有石凳，可以息足。余等徐徐拾级以登，且行且回顾，不忍遽去。此悬空之长虹，亦复移步换形，变幻不定，似向客呈其媚态者。五里，至妙高台，恒宗出迎曰："今日往返，计有三十余里，登山下山两次，不觉疲耶？"余等笑曰："否否，余勇尚可贾也！"于是啜茗清谈，至午后三时，方别恒宗而回，仍至关山桥下，千丈岩瀑布发源处，坐石上静观。四时半，方回雪窦晚餐。今夕月色仍佳，颇有爱月眠迟之意！

二十六日，晨五时起，习太极拳；七时，乘藤舆出寺，向东行；八时，至入山亭；九时，到溪口，访武巅学校王伯龙（家骧）校长。本拟稍憩即登汽车，而王君坚留午膳，情不可却，以时间有余，由王君领导参观全校，并及医院农场，是校规模宏大，农场亦有七十余亩云。午后一时，赴汽车站，则乘客拥挤，已停止售票。因须赶至宁波趁轮船，不能久待，仍雇小包车而行，与王君殷殷话别。二时抵宁波，乘人力车到三北公司，购票登船，二十七晨返沪。

此行往返四日，入山游程，亦未预定。后之游者，可不必依余之路线。应先到雪窦寺，以第一日游千丈岩、妙高台。第二日游隐潭，探三潭之胜。如事忙者，更可缩短日期，乘轿出游，以半日游千丈、妙高，半日游隐潭，在寺中一宿即返。则沪甬往来，不过两日三夜，时间极经济也。

诸暨苎萝山及五泄纪游

本年暑假，因酷热，迄未出游。拟俟秋凉，至杭、江一带采风，聊以自慰。八月之初，汪君仲长来谈，下月各校将开学，只有本月，尚有余暇，不能再待矣。余亦以为然。乃决定于八月九日首途。张君伯岸亦加入。目的地原定诸暨、江山、金华、永康四处。卒以天气酷热，仅在诸暨留两日，江山留一日，未登仙霞岭，匆匆回沪。金华、永康，当俟异日矣。

余等自沪动身，在杭州西湖清泰第二旅馆宿一宵，热度比上海为高，竟夕不能寐。昔有友人言西湖夏日如蒸鸭，诚然！翌日渡江，乘杭江车，半日即抵诸暨。旧友陆步青，既在杭州为之招呼，复函知诸暨农业学校校长许君子怡（兆恺），为预备住宿，情殊可感。适诸暨车站长吴君家钧，系交通大学毕业，为汪君仲长之弟子，邂逅相见，亲切异常。余等遂先至站中休息，遣人进城通知许校长。未几，许君来，即引道入城。遂分乘人力车进北门，吴站长亦随往。抵校。许君导至最后进大楼下休息。此校原系书院，后改中学，现遵厅令改初级农业。据校长云："中学时学生多至三百余人，改农校后，少至数十人，盖社会观念，轻视职业之故。现拟迁至乡间，并开辟农场"云云。余以今日不及赴五泄，而有半日之闲，不如就近先游苎萝山，一访西施遗迹。众皆赞成。

（一）苎萝山

诸暨县治之主山曰长山，其最高峰曰白阳尖，故亦称白阳山。苎萝山者，白阳之支峰，特起于浦阳江畔者也。因西施在江畔浣纱，故又称此江为浣纱溪。濒江石崖，镌"浣纱"二字，相传王右军所书。余等乘人力车出南门，沿溪曲折而行，树木萧森，上蔽烈日，惜天旱，江水全涸，彻底砂砾，只有树荫，不见溪流，美中未免不足！江之左岸，有孤峰耸起曰金鸡山，顶有塔，为明万历十三年知县谢与思所建。山下有泰山庙，祀东岳。江之右岸，林木深处，小径通幽，由此即进苎萝山。有木牌坊，额为"古苎萝村"四字。再进即西施庙，距县城不过三里。庙貌甚新，中有西施塑像，正殿左右，各有偏屋，左曰北阁，右曰南厅。余等在南厅啜茗。许校长云："西施庙中之菜，为诸暨第一可即在此晚餐。"遂先进炒面，随意游散，或卧或谈。仲长则携摄影机，摄西施像及山景。庙之对面，尚有洋楼三栋，系图书馆，惜无人管理，仅有工役一人在内看守而已。及晚膳，肴馔果精美，佐以醇酒，余与仲长，共尽一壶。既醉既饱，于暮色苍茫中，步行返校。吴站长中途别归。是日午前后热至百零二度，晚间亦近九十度，又无风。校中虽尚比较清凉，然各人亦不能安睡。许校长谆嘱明日三时半起身，四时出城赴五泄。

（二）五泄

五泄山，在诸暨县西六十里，属灵泉乡。山峻而有五级，每级有峡，各有潭，潭水溢出，为峡所束，则激怒奔泻而下。其在东者曰东龙潭，在西者曰西龙潭。两潭合流，总名五泄溪。然惟东龙潭之瀑有五节，所谓五泄，似因此而得名也。

东龙潭

十一日晨三时半，许校长即来云："车已备齐。"即起身盥洗，进牛乳饼干。四时，乘惠民公司人力车出北门。四野昏蒙，满天星斗，张灯而行，斯时颇觉凉爽。五时，东方始放金光，彩霞层叠，红日将升未升，景状奇丽，行行复行行，经过陶山乡之十里亭、桑园、何村、大唐庙而至草塔，计程二十五里。草塔为此间大镇，人口殷繁，其大族为赵姓。复行经五泉庵，越避水岭之麓，车道沿麓凿成，高低悬殊，故乘客须下车步行。此岭亦称第一峰，《志》称五泄有七十二峰，此其第一也。再经前杨横店，而抵青口，计诸暨至此五十里，人力车及此而至。再上即溪滩纵横，不能行车。向例，游客皆换坐皮笼，昨夕许校长已托公司在草塔预雇竹舆，在此守候。许校长本拟陪同进山，余再三谢之，遂在此握别。八时，乘舆行，越数溪而过，方水大时，溪声激石，极为可观，今则因天旱，溪水全涸，但见乱石高低，矗立于砂碛耳。抵夹岩寺，南北两岩夹峙，北岩高处有一洞，洞不甚大，内建小亭，岩下为寺，寺无僧人，有乡民管理之。煮茗款过客。再上则峰回路转，渐渐入胜。九时半，抵五泄禅院，院地高二百八十公尺。唐元和三年，灵默禅师所建，名三学禅院。咸通六年，赐名五泄永安禅寺。寺僧食肉营生，不称住持而改称经理。殿侧有客厅，额曰"双龙湫室"，系刘墉书。四壁悬书画，陈设尚整洁。余等下榻于东偏室内，因气候炎热，日午不能登山，乃在寺中游息，午饭后，各自安卧。直至四时，方出寺门。一僧为导，由寺左折向西北行，里余即至第五泄。瀑在悬崖泻下，阔可十余丈，崖腹凸出一角，使瀑势愈怒，其下则为潭。惜天旱瀑小，仅有一股下泻，亦无奔轰之势。于是绕瀑后之小径登山，石磴崚嶒，修竹夹道，道旁可俯视第三泄。再上升，复见第二泄。再上抵响铁岭之脊，测之，高四百四十公尺，此诸暨、富阳两县之交界也。由岭循小径而下，松毛覆涂，滑不着足，攀藤扶葛，几于倾跌，乃至第一泄。泄水较大，然亦仅流于石隙间，未见汹涌，下为东龙潭，潭椭圆形，其深无底，水黑色，故亦称黑龙井。本拟沿第一泄而下，次第探二、三、四泄。但天气过热，仲长患头晕，伯岸则以肥硕不能行，余亦不愿过于冒险，遂止。循第一泄之上源登山，得一平地，宽广可数亩，曰刘龙坪，有刘龙庙。庙人烹茶亭客，泉水与茶叶俱佳，伯岸购茶叶一包，余以水瓶贮水而归。循山后溪边行，至永丰亭，而仍遵来时原路，及抵寺，已昏黑矣。

西龙潭

西龙潭，在诸暨与浦江县交界。其水源不高，倾泻如散珠，滑而无声，四山环绕，石壁峭削，较之东龙潭之雷轰电击，气象壮阔者，别是一种幽秀境界。自来游五泄者，恒不至西龙潭，大概有二因：一则为时间匆促，不暇兼顾，二则涧水大时，仅能至西谷口为止，不易上探龙潭，此次天旱水小，余等乃决计往游。在五泄寺一宿后，于十二日晨六时，乘舆出寺向西南行，约里余，即抵西谷，舍舆步入谷，朝曦虽升，而为深谷所蔽，殊觉清幽，与昨日之行于烈日下不同。然沿溪并无路，乱石突起有高至寻丈者。或扪石隙以登，登而复下。或俯伏于此石，用足遥跨彼石，绝流而过。行至中途，见两峡对峙，中流巨石耸立，峡有两重，导者曰，此双龙门也。必从峡下攀扶石角而过。余乃先登，仲长继之，伯岸亦由舆人扶掖而进，然口叫犯关（**宁波语**）不已！有一独木，横卧溪流，伯岸坐其上，汲溪水狂饮，为状至趣！仲长与余作俚语调之曰："渴饮溪坑水，倦蹲独木栏，行行三五里，处处叫犯关。"相与抚掌大笑！再上行，将至西龙潭，则两峡如锁。石角陡峻，不可登，其下则为急流。导者曰："至此可至矣。"余曰："既来此，相距咫尺，而不见龙潭可乎？"乃令舆夫之健者，从峡左试攀而过，余自度尚能为之，乃攀葛而上，侧其身俯伏以下，仲长亦鼓勇登，伯岸则不能从矣。乃与仲长偕至西龙潭边，久坐观之。瀑布之阔，约七八尺，从石崖泻下，与第一泄极似。惜亦因旱，只有涓涓细流，其下潭面则比东龙潭大数倍，而水清见底，故亦称白龙井。潭边高度，三百六十公尺。《志》称潭之上源两崖斗立，下开上合，形如窦，水自窦中出，仰视之，仅容一线，名一线天云。游毕，回寺，尚止十时半也。午膳后，仍乘舆至青口，换人力车返诸暨。在亭午烈日中，曝晒四小时半，头目昏眩，口鼻出火，几若中暑。而伯岸夜则露宿，昼抗炎威，若行无所事者，此其天赋有过人者也。

西湖回忆（二十四年八月补记）

余初到西湖，在清宣统元年。自后凡游浙中山水，均过西湖，先后不下十数次。而足迹遍历湖山者有三次。以西湖之记载，既详且多，不复作游记。及今回忆昔日西湖，迥非现在可比，亦颇可玩味，因补写之。

清宣统元年四月初一日，偕严练如、庄百俞、钱琳叔、徐果人、于瑾怀、翁佩孚、自沪趁小轮赴杭州。初二日晨六时，到嘉兴，登岸，换乘浙路公司（是时尚为浙人集股自办，不称沪杭甬）火车。由嘉兴至闸口，半日即到。下车后，先游钱塘江边之六和塔。塔建于月轮山，为龙山之支阜。塔下为开化寺，寺甚旧，只有僧二人。塔凡七级，登其顶，可俯视钱塘。月轮山环其东北，隔山乃不得见西湖。塔下有喷月泉。游毕，仍回火车站。以为时尚早，拟雇肩舆至法相寺。而余等七人，只雇到四乘。不敷用，遂作罢，乃乘汽车回拱宸桥，宿于来安栈。时尚无新式旅馆，只有旧式客栈，湫隘嘈杂，夜不得眠！

初三日，晨，雇小舟赴西湖。舟从运河南行，自上午九时开，至十二时，乃抵松木场。盖当时湖边荒凉，无游客驻足之所。必从拱宸桥雇舟，乃可抵湖边也。登岸，雇夫役挑行李，至昭庆寺。稍憩啜茗。复至湖滨雇船。荡漾入外湖，至孤山登陆，饭于楼外楼。饭毕，回舟。向西泠桥而行，桥畔苏小墓，颓然一亭，荒凉满目，不似今日之完整。泛入东里湖，登孤山北麓，谒林和靖墓，墓前有放鹤亭，亭畔有巢居阁，阁下冯小青墓在焉。立孤山下，遥对葛岭呼唤，回声甚大，名曰"空谷传声，"盖声浪为葛岭折回，又阻于孤山故也。于是复泛舟至阮公墩湖心亭，入里湖，谒岳王庙而回。湖上除寺宇外，无可宿之旅馆。乃暂租刘果敏公祠为寓所。前楼五间，南面临湖，轩爽之至，惟有宿无膳，乃向左近湖山春社晚膳。膳毕，回祠。湖边寂静无声，既无电灯，亦无行人，与现代之繁华适相反！七人无聊，戏作叠字诗。其法，第一人任意写一字于纸条，第二人接写一字，至第三人，则将首一字折没。只许在第二字下，接一字，至第四人，又将第二字折没，只许在第三字下接一字，如是轮至第七人，接成七字，乃启折视之，有时七字句不通，可笑，令人捧腹。有时亦竟成佳句。吾侪叠七绝一首，颇不意趣。录如下：

> 湖堤千缕袅春风，杨柳楼台曲曲通，漫说当窗云水绿，游人同向夕阳红。

初四日，泛舟游三潭印月。登岸复游净慈寺，观济癫僧古井运木遗迹。寺对雷峰塔，塔尚未圮。惟不可登耳。既而至柳浪闻莺，泛舟至涌金门。入城午膳，复泛舟至平湖秋月，再自锦带桥入东里湖。登岸，至大佛寺。寺在宝石山，因山壁凿为千佛岩。山巅有保叔塔，塔半毁，不可登。其形上锐下削，下面五级，成椭圆球形，上面两级，如罩，以铁环五六，层叠为顶。循塔基而西，仰望虾蟆石，高出半空，向无人迹。余好奇，欲穷其胜，乃循来凤亭而西，亭旁有寿星石，块然横置于岩上，而与岩并不相连。再折向西南，则有洞，窅而深。循石级而下，探得其口，乃两巨石架成洞形。中有石台石凳，外有摩崖大字，曰"正德庚辰方思道至此"。洞内有"川正洞"三字。从洞后一线天而上，历石级二十余，有斜石压顶，磴道欹侧，身偏于左，乃得上升。级尽，乃得平地。纵广尺许，疑已无路，忽见峰后有极仄磴道，拾级而上，则为第一峰。峰顶凹如盂，从顶而下，审视前面，又有曲径。深入岩腹，循之前行，复仰见一线天。历石磴十余，险曲如栈道。回环而上，得造第二峰之巅。有石几，稍坐息足，复渡石桥而登第三峰。其巅有平台，台畔有石栏，大石壁立其上，即虾蟆石也。向者游人仅在山下望之，石形若虾蟆，因以为名。而不知须越过三个峰头，乃得见之，实为平台上之立石也。虾蟆石之高，适与保叔塔齐。于此俯视全湖，有类池沼，杭州全市在足底，钱塘如带环其南。日将西，乃从原路而下，至大佛寺前。登舟归寓，晚膳后，仍作叠字诗为戏，竟不能成句。

初五日，晨七时。乘肩舆赴三天竺。登白云峰之半，还至灵隐。在寺前饭店午膳毕，即入寺，登飞来峰，峰下洞穴甚多，著名者为龙泓洞、通天洞、天乳洞。入龙泓洞，洞内甚凉，水蒸气滴沥而下，仰首见一线天，复从旁入天乳洞，洞内黑暗而上有一孔通天光，即通天洞也。洞侧有穴，幽而深，非秉炬不能入，遂出洞，登飞来峰。自左攀扶而上，自右而下，路皆险仄难行！山麓有涧泉侧出，跨石渡涧，循涧水而行，历冷泉、壑雷、春淙三亭，水声潺潺，即所谓石门涧也。石壁有穴，二孔相连，游人以口接其一孔，试作声，扬出甚响，名呼猿洞。坐冷泉亭，静聆涧水声，令人神爽！既而入云林寺，从寺中紫竹林而上北高峰，至韬光庵。庵后有金莲池，池中遍开金莲花，叶似莲而小，略圆而端有尖，花黄色，瓣如覆瓦，相合而成杯形，雌蕊柱头，作深红色。再上为吕岩祠，祠前额，刻"观海"二字。于此遥望钱塘江，江之东，烟水苍茫不可得辨，盖海也。由庵出，登北高峰，石级盘旋而上，旁为山涧。松篁夹路，幽秀异常，历千余级至其巅，有北高峰寺。七人中登巅者只四人，余待于韬光寺。四时，自峰而下，仍回云林，乘肩舆归。路经清涟禅寺，入观玉泉池，池中有鲤鱼数千尾，大者长四五尺，重数十斤，寺僧以漆盘承粉饵授客，投饵于池，群鱼争来唼食。池前有"鱼乐国"三字，为董香光所书。出寺，回寓。

初六日，晨七时，乘肩舆过茅家埠，经大麦岭小麦岭之间。

山深树密，浓荫上覆。登灵石山，逾风篁岭，由过溪亭而入龙井寺，小坐品茗，寺僧导观龙井。井前为龙泓涧，涧旁有神运石。又有石，状如片云，上镌："一片云"三字。再北为涤心沼，自龙井出，向九溪十八涧而行，西湖山中之最胜处也。两山夹涧，有路可通，屈曲如羊肠。溪水之声，潺潺不绝。过涧处，则以乱石架道，水流石隙，声益湍激。至理安山，中藏古寺，即理安寺也。寺前松柏参天，风景幽秀，殆非尘境。寺内有泉，自洞石间流出，其前刻"滴滴归原"四字，名法雨泉。度杨梅岭、翁家山，而至烟霞洞。洞甚高大，内壁皆凿佛像。进洞数十步，即黑暗，洞口就石凿龛，供财神像。陈蓝洲明府，以其不伦，为之改凿东坡像，题其额曰："苏龛"。寺僧学信，闽人，颇不俗，善布置。于洞顶凿石通道，构一亭，名曰"吸江"，以其正对钱塘也。下构一亭，名曰"卧狮"，以亭后有石如卧狮也。学信又善烹调，客至，必亲手制蔬享客，精美异常，余等往游时，学信年已近七十，不久即圆寂。其徒复三继其业，至今烟霞洞之素蔬，驰名湖上，则学信为之创也。余等在此午饭毕，至石屋寺，观石屋洞，其上为乾坤洞。又逾石屋岭，至法相寺，寺内有定光古佛像。出寺，便道谒于忠肃公墓，遵湖滨而归。晚间，新月初上，相率至白堤步月，今者湖上电灯繁密，即在望日，月光亦为所掩，非泛舟湖心，不能玩月，当时之湖上，入夜即黑，故虽上弦新月，亦已倍觉光明矣。

清宣统二年八月十四日，晨九时。偕陆费伯鸿、沈朵山、严练如、庄百俞诸君，趁沪杭火车，第二次游西湖，则与前次已大不相同。湖边葛岭下，已有新式之惠中旅馆。房舍被褥，均清洁，余等即宿于此。旅馆前对孤山，中隔锦带湖。即孙氏别墅改建者也。

十五日，五人共乘一画舫，先泛至孤山，啜茗于巢居阁。闲步至圣因寺、文澜阁。阁中正大兴土木，改建浙江图书馆。山顶建数亭，或方或圆，可以登览全湖。离孤山，过西泠桥。至岳武穆祠，遂登栖霞岭，观紫云洞。拾级而登，至山半之紫云寺。叩门，阒然无声，惟闻犬吠，未几，见一僧从山中来，即寺之住持也。自言在山中折薪，闻声招呼，路遥而客未觉，言时，即以钥启门，延余等入。问其寺中有几个比丘？答：止一人。导余等游洞，洞颇高大，寒气凛然，复前行，观栖霞洞，则较小，出寺下山，泛舟至两宜楼午餐。餐毕，复泛北里湖，至宋庄、高庄、廉庄，出映波桥。泛外湖，至三潭印月，啜茗。夕阳西下，遂归。晚霞红晕，湖水映碧，东方明月上升，景物秀美，令人心旷神怡！至平湖秋月登岸，饮于楼外楼，醋鱼、莼菜、新栗，风味绝佳！餐毕，回寓。复鼓棹夜游，湖中月色，分外光明，在三潭印月，玩赏久之，至十二时方回。

十六日，晨，七时，五人共乘兜子进山，前次来游，所乘者是有顶小轿，至此方有兜子。先到清涟寺，观鱼乐国。次至灵隐韬光，皆旧地重游。复至烟霞洞午餐，访问老僧学信，则圆寂已年余矣。其徒复三，出而招待，应对颇敏，然不着僧衣，余问："和尚是谁？"则对曰："兄弟即是和尚。"颇堪发噱！复三手制之蔬，不亚于学信，可见薪传有自！餐毕，导余等登南高峰，前游所未到也。由后面小径而上，崎岖逼仄，较北高峰难行。达其巅，则全湖一览，白、苏二堤，略如短带，孤山及三潭印月，夷如平地。杭城房舍栉比，钱塘绕其外，皆了了可指。湖上各山，登其巅能回望无障碍者，惟此峰耳。峰顶有废塔基址，破殿三槛。下山，过九溪十八涧，由理安至龙井，遵原路归寓。晚膳后，复沿白堤步月，至锦带桥，夜深始返。

十七日，本拟游云栖，便道至江头看潮，适逢大雨，即作归计。上午泛舟湖中赏雨，昔人言，西湖景物，无一不宜，夜月则游月湖，逢雨则游雨湖，冬日则游雪湖，此语颇确。余于月湖、雨湖，皆身经之独未游雪湖耳！

民国八年，五月十日，余从北平来上海，将游莫干山。适四弟雪庄，自常州来。手足别离多年，旅中相值，至以为快！余告之曰："汝生平未到西湖，曷勿同我往，一览湖山之胜耶？"弟亦欣然。即于是午后登沪杭车，于晚抵杭。寓新新旅馆。弟素嗜酒，因命把杯，各话家庭琐事，旅馆地既幽静，肴馔更佳，兄弟宴乐，乐可知矣！

十一日，有雨。偕四弟乘舟游雨湖。尽一日之长，游遍孤山、湖心亭、三潭印月、平湖秋月等处。复登岭巅之初阳台。俯视全湖，有新建之抱朴庵。洋式楼房甚为美丽，昔者来游所未见也。

十二日，晨八时，偕四弟乘藤舆赴栖霞岭之紫云、金鼓二洞，复至玉泉观五色鱼，后游灵隐韬光。此次余已携带测高器，测韬光高二百英尺，测北高峰六百英尺。午餐于灵隐寺前之周家庄。餐毕，至三天竺。迤逦自九里松、双峰插云而回，为时尚早，泛舟至涌金门，雇二我轩照相馆人，同往孤山，兄弟二人，合摄一影毕，饭于楼外楼。临湖小酌，尽兴而返。

十三日，晨七时，偕四弟乘舆往五云山，遵昨日原路，至上天竺之南，登琅珰岭，高七百英尺。岭半有望仙亭。亭下有狮子峰。因形似得名。有茂记茶场。占地千余亩。再上为关岭，高九百英尺。有望云寺。自岭而下，即入五云山。上下数山坡，始达其巅。亦高九百英尺，上有真际寺，可见西湖所称南北高峰，盖指濒湖之山而言。若离湖较远之琅珰、关岭、五云，皆高出于北高峰也。十一时，抵云栖寺，在寺午餐。云栖为明代莲池大师道场，遗像及墓塔犹存，寺外竹林，延长数里，绿阴幽深，亭午若不见日光。稍憩，即下山，沿钱塘江赴开化寺，登六和塔。塔凡十三级，高二百英尺。登第一层，远眺江流如带，帆船如叶。复至定慧寺，观虎跑泉。净慈寺观济癫僧运木古井。登南屏山，观雷峰古塔。遵苏堤六桥而归。

十四日，晨八时，往游西溪、花坞。先乘人力车，至松木场。再登小舟。冯君菊堂（德华）在彼招待，小舟以芦席为蓬，仅堪容膝。行三小时，抵法华山麓。换乘藤舆赴花坞，坞中竹木深密，涧水低流，曲径中通，极幽秀之趣！昨在云栖爱其竹林翁郁，然仅里余，兹则连绵十余里，比云栖更胜！有茅庵七，错落于溪山之间，类皆苦行僧人，独居静修，多掩扉不开者。余等次第至休庵树雪林、白云堆三庵稍休。十二时，仍乘舆自吴家河头登舟。泛至交卢庵，庵僧出书画示客，中有华秋岳绘西溪幽居图，及奚铁生绘西溪始泛图较佳。在庵午餐。餐后，泛舟至菩提庵，稍憩即出。复随意泛舟。溪流曲折，路路皆通。临水各村，宛在中央。西溪之幽静，如逸士高人，西湖之秀美，如佳人名士，诚各极其妙也。

　　余到西湖十余次，而穷湖山之胜者，亦只此三次。第一次探虾蟆石，登北高峰。第二次登南高峰。第三次登五云山，探西溪。湖山胜概，几尽于是矣！

安徽游记

九华山纪游

九华山，在安徽青阳县西南四十里，其山脉自黄山分支，由太平石埭入青阳县境。旧名九子山，唐李白以山有九峰如莲花，改名九华。佛家则以为四大道场之一，即地藏菩萨道场也。民国十七年夏秋之交，沈君醉愚约游黄山，道场经青阳，先入九华因为斯纪。

八月十二日，晴，午后，晤周君子美言招商局联益轮船，舱位已定。晚九时，侄儿君毅以汽车来送余登舟，则邢君复三已先在，既而沈周二君亦至，彼此聚谈，甚欢。

十三日，晴，在船中阅《黄山志》，或偕同人至舱外，览江中风景。

十四日，晴，上午，十时，到南京。袁君观澜趁沪宁火车，在此等候二日，下船相见。斯时搭客拥挤，且有退伍兵五百人，蜂拥而上，秩序大乱，客室亦为占满，袁君幸有余等预留之榻位，可以坐卧。于是同游者共有五人。余在船无事，翻阅《九华纪胜》等书。

十五日，晴，晨六时，抵大通。大通属安徽铜陵县，轮船码头，则在江中和悦洲上，与大通尚隔一江。斯时方君颂三，在埠迎接，此次约游黄山，方君为东道主，君徽之黟县人也。并有方君之戚项君积余父子二人，协同招呼，甚为可感。乃至中华旅社，休息一日，方君则代为雇肩舆，兑现银，预备明日登程。

十六日，阴晴不定，晨起，整理行装。六时，步行至义渡码头，分乘渡船三艘，各人之行李肩舆，分置于船中。溯大通河而上，未几，过洋湖（俗名铜埠湖）湖颇宽广。舟行凡二十里，九时，抵铜埠，是青阳县境。登岸后，舆夫布置肩舆，其舆以竹榻为之缚双杠于左右，曲竹篾为顶，幔顶之油布及舆中之垫褥，均须客人自备，内地旅行之累赘，即此可见。十时半，布置完毕，方启行。行未久，遇雨，时雨时止，衣裤多湿。十二时，至县桥。自铜埠至此十里。午后一时，复行。二时半，至青阳县。投宿北门外江南饭店。同人出外，至迎宾楼，进面食。复至城外河畔散步，天又将雨，即归。洗浴更衣。

十七日，阴，七时，乘舆登程，沿青阳城根，向西北行。九时，逾西洪岭，岭低且平，而路颇曲折。斯时天色稍霁，下岭后四山环抱，野鸟乱鸣，间以秋蝉，渐入佳境。十二时，至二圣殿。自青阳县至此，已行三十五里，二圣者，相传为金地藏之二舅，自新罗国寻金地藏至此者也。余等在市店午膳。午后一时，复行。过一宿庵至小桥庵，涧水奔流，冲激石矶，有如轰雷。复过大桥庵，登一天门，路虽陡峻，而阶级整齐，舍舆步行，修竹夹路，间以古柏杂树。二时，甘露寺，寺在桥庵之上，定心石之下。再上为二天门。三时，经龙池及半霄亭，亭在半山，为游人休憩之所，故名。再上为小仙桥及大仙桥，桥旁皆临深涧，两崖壁立，一径中通。四时登三天门。到此则为平原乃九华山正面，大小寺观，错落其间，并有市集，商店约百余家。其与普陀不同者，普陀山中，经商之人，不许带眷属，并不许畜鸡豚，九华则否，商人皆带眷属，畜鸡豚，不若普陀之清净矣。山中有丛林四：曰百岁宫、东岩寺、只园寺、甘露寺，此外皆为房头，而以化城寺为中心，寺之东西，各有六房头，共十二房头。余等经百岁宫、东崖下院、化城寺、宝积庵、佛陀禅院、龙庵禅林，而至永庆庵止宿，永庆庵，东六房之一也。此地气压高四百二十米突，气温八十八度。庵中住持严德出游，由明性、戒定二僧招待。进面点后，洗浴更衣。卧室昏暗，晚间蚊虫甚多。余等一路辛苦，及早偃卧。

十八日，晴，五时即起，偕醉愚、颂三二公，至化城寺礼佛。寺在化城峰上。其前广平，有放生池，中多大鱼。唐开元末，新罗国王子金乔觉，至九华栖止，苦行十余年，至德初，诸葛节为之建殿宇，厥后僧徒日众，贞元十一年，趺坐而逝，逝后灵异，与经中所载地藏菩萨瑞相相同，知为地藏菩萨降世，朝廷赐寺额曰化城，遂为地藏菩萨道场，今咸称金地藏云。寺昔兴盛，今则颓废。余等出寺，西行登神光岭，礼金地藏肉身塔，塔在岭麓一小山之巅，其前有石级八十四，峻绝如梯，两旁悬纽，扶之而升。塔顶建殿覆之称肉身宝殿，金碧辉煌，备极壮丽。凡朝九华者，必至此。余等礼毕，绕至殿后，适四山出云，

峰峦皆没其中，俨如海浪，日光射之，作白银色，名云铺海，颇
为奇观。六时半，回庵，进早膳毕。七时半，换乘山中兜子，拟
登天台峰，山中舆夫，例不许外来者侵夺权利，且大通之肩舆，
亦太重，故须换山兜也。出庵，向东南行。自九莲禅林后，登回
香阁岭，石级宽阔，竹林夹道。至岭巅，以测高器测之，高五百
米突，有华严禅院。下岭得平地，名中闵源。由此始登天台峰，
其麓有接引庵，过一石桥。有地藏庵。从庵石上，历大慈、普济
净土三庵。再上为华云庵，建筑颇新，对面望见东崖，其高适相
等。又上经慧庆庵，至吉祥寺，方及山半，在此啜茗休息。住持
了心，善于应客。又上为延寿寺，左有长生洞，前有巨石嶙峋，
石下复有洞，水涓涓下流。再上为兴添寺，其旁岩石黝黑，耸削
壁立，类皆纵横寻丈，如人工堆叠而成，石纹直裂，间以青松，
美丽如画。上至朝阳庵，则石级陡峻，壁上镌天梯二大字，自此
至顶，愈高愈陡，皆舍舆步行，历翠云庵至观音峰，峰下有摩崖
四大字，曰渐入蓬莱。再上路更陡，地势愈高，四面峰峦愈显
露，景物愈奇，令人应接不暇。磴道旁有铁栏，以护行人，未
几，得一平台，名古拜经台，相传为地藏拜经处。庵后有大石
亭，俗呼大鹏听经石。十时三刻，登顶，有地藏禅林。自永庆庵
至此，二十余里。寺前有额曰天台正顶。寺右巨石骈立如屏，曰
玉屏峰。寺左有磨崖曰人间三大字。余等从渡仙桥下进寺。由左
侧而上，过渡仙桥而至捧日亭，亭在玉屏之顶，清乾隆时李太守
暲所建，名曰捧日，言其高也，屡经兴废，今正重建。亭与寺以
渡仙桥通之，桥亦暲所建，东跨天台冈，西跨玉屏峰，而桥之圆
洞，即为寺门，洞上镌"中天世界"四字。自亭而下，至寺之后

堂啜茗。余叩寺僧以云峡一线天之胜，则云："须由寺后，再升绝顶，方得见之。"乃令为前导，履巨石之脊而上，略无阶级，数十武即至，见二巨石直立如门，下宽上窄，自下仰望见天，故称一线天，右石后面，直镌云峡二大字。左石前面，横镌一线天三字，此为天台之绝顶，天台，九华山之最高峰也。测之，正顶高七百三十米突，绝顶高七百五十米突，约合华度（营造尺）二千三百二十余尺，气温八十四度。登此眺望，万山皆如拱揖，胸襟为之一扩。峡前正对真武按剑峰（俗名香炉峰），峰麓有龟蛇二石，左右并峙，相距可三百尺，俗名双烛峰。游览移时，已近午刻，遂在寺午餐，餐毕休息。十二时半，下山舆夫行甚捷，二时即回庵。洗浴更衣。五时，出外散步，至化城寺东太白书堂，屋宇三间，颇颓废，故未进门，仅在桥畔坐听流泉而返。

十九日，晴，晨，七时半，乘兜子出门，拟游东崖，由化城寺向东行，过旃檀林、天池庵，渐升东崖之麓。历法云禅寺、普同塔院而上，石级纡回，较昨日之回香阁岭稍陡，山半有亭，内供地藏，竹林虽不若同香阁岭之密，而大树较多。八时，至东崖顶。自永庆庵至此，不过五里耳。顶高四百五十米突，盖只一千三百九十五尺也。东崖原名东峰，其上有岩，深入如屋，相传金地藏始卓锡于此，明王守仁更名曰东岩。岩前悬崖峻绝，俗呼舍身崖，明正德十四年，守仁再入九华，武宗遣锦衣使侦之，见守仁在此宴坐，故又名宴坐岩，今则通称为东崖。上有东岩禅寺，规模宏壮，惟限于地势，殿宇高耸而窄，大门向北，门左有钟楼，寺后地藏殿已逼近崖边，自远望之，恰如山巅之堡寨，不似伽蓝也。余等在此稍休。九时，即由东崖岭脊赴百岁宫。山路狭小，崎岖不平，松林茂密，岩石怪奇，逾小天柱峰、插霄峰，将至百岁宫前，岭下有一松翘首振尾，形状飞舞，名凤凰松，可谓酷肖。百岁宫，即护国寺，在摩空岭上，明万历年间，无瑕禅师，自五台至此，结茅而居，圆寂时寿百有二岁，故名寺为百岁宫。入寺观览，殿堂精洁，客房甚多，在九华寺观中，当以此为称首。进后轩啜茗，凭窗远眺，则磨盘峰、五老峰、太古岭、凤凰岭皆历历在目。官后低原，即下闵源也。十时，由百岁宫后门出，拟探鹰石之胜，下坡时，路皆砂砾，甚难着足。逾一小峰而下，历石磴三百余级，忽见山峡中，一松一石，咸有云林画意。再行里余，见道旁有龙虎泉。过此至地藏殿，殿旁有伏虎洞，洞小而不深，不足观。洞后历级而上，有巨石突起，高约二丈，下窄上宽，顶有大石，如盖覆之，自其侧远望，俨若苍鹰翘首，故名鹰石，顶盖宽平方约三丈许，故又名棋盘石。旁有短梯，可以猱升，引导之僧云："磴畔之栏，及石旁之梯，皆已朽坏。"阻余等勿去，同行者多折回，余不之信，独行而前，招醉愚子美二君随后亦至，余在石旁，力撼其梯，梯虽有断痕，而断处扎缚甚固，遂鼓勇先登，至顶，则石面平滑，仅近梯边，凿三孔，可着半趾，故升梯不难，而登顶则难，余既登，子美继上，余坐石边以手援之，醉愚亦上，略事盘桓，子美先下，而复三、观澜二君亦至，复三亦如法登顶，观澜则以身体过重，在石下坐待，颂三见险已心怯先归。余与醉愚，一坐一立，复三用快镜为摄一影，余乃再为醉愚、复三摄一影。石畔有一松，顶圆如盖，高出石上。余与醉愚复三徘徊久之，次第而下。石根镌有"松顶蒲团，云根石室"八字，旁署旧史邓元昭题。回至地藏殿，啜茗。十二时，循原路，经只园寺而归午膳毕，略睡。午后三时，同人出门散步，至只园寺，略观一周。余先归。晚寺僧备筵饯别。余等同游六人，宿永庆庵不过三夕，因明日将出山。今晚付以香资五十元，自觉从丰，谁知寺僧欲望甚大，竟退还不受，出缘簿强各人写捐，拒之，乃开出细帐，总数为一百余元，即稀饭一餐，亦每人二元，如此高价，闻所未闻，余与观澜，游历天下名山多矣，从未遇此贪狠之出家人也，卒加增至七十元，方始了结。

二十日，晴，五时即起，收拾行装。六时出永庆庵。来时从九华北面进山，今因须赴黟县，故从南面出山。步行登神光岭，至地藏塔，再向西南行，至稍平坦处，方乘舆。由净手亭、大岭头平田冈，而至三天门，即普济禅寺。七时，至金刚禅林，其旁山半有转身洞，洞系两石合成实非洞也。在此望见仙姑尖、金刚尖，金刚尖者，即黄山西脉，自太平、石埭，蜿蜒入青阳南境，特起为九华山者也。又逾分水岭，岭路高下纡回，长约十里，盖岭北之水，入扬子江，岭南之水，入新安江，故有此名欤。九时，自二天门至正天门。十一时，自一天门至古头天门，市集颇热闹。凡名山之进口处，均有天门之称号，惟九华则山北山南，皆有此三天门耳。十二时，南阳湾，在小店煮饭午餐。自九华山至此四十里，所行悉是山路，过此方是平原，然高于海面，尚六百尺也。午后二时，复行，过驾虹桥村、所村、上南堡。四时，至陵阳镇，镇中商店数十家，颇似富饶。在此休息，复行。经曹家湾、沙堤曹。六时，至崇觉寺。在小客店住宿，湫隘异常，勉强安之。南阳湾至此二十五里。今日共行六十五里。九华之游，于焉告毕。以下当入黄山日记。同游诸人中：醉愚善吟，每至一处，辄有诗以纪之，无论古近，体顷刻挥洒而成，观澜素喜矿物岩石之学，手持椎凿，处处采集标本，又能摄影，复三亦喜摄影，余则除看山之外，每日作记而已。

黄山纪游

余慕黄山久矣，以其地较僻远，非有地主招待，不能游，且往返须经月，年来尘事牵制，亦无此余暇，故梦想十年，卒未能实践！民国十七年五月，游天目山归，与石门沈君醉愚，遇于浙之西湖。沈君亦有游黄山之愿，且云："可得黟县方君颂三为东道，"遂订约而别。及八月沈君有函来，言十二日即成行。同游者有吴兴邢君复三、周君子美，而老友袁君观澜，亦夙以未至黄山为憾，余告之，欣然加入，于是同游者有五人。预拟路线，自上海乘轮船至大通登岸，先游九华山，再至黄山白狱，溯新安江入桐江，登严子陵钓台，由钱塘江至杭州，乘火车回沪。自十二月至二十日之游踪，余既作《九华纪游》以详之。二十一日起，即入此黄山日记。

黄山属南条山脉，自赣、浙间仙霞岭而来，与浙西之天目山，同为一脉。崛起皖南，跨歙县、休宁、太平三县境，旧名黟山。至唐天宝年间，敕改为黄山。游黄山之径路自大通往者，应从黄山之北口入。第一日至青阳县之陵阳镇住宿，计六十里。第二日由陵阳镇至太平县之甘棠镇住宿，亦六十里。

第三日即可由甘棠镇进黄山之北海门至狮子林住宿，不过四十里。凡三日半可达。余等则因地主方君颂三籍隶黟县，黟县在黄山之南，绕道至黟，多行二百余里。后之游者，可勿以余等之径路为标准也。

八月二十一日，晴，晨四时半起。五时，乘肩舆从青阳县之崇觉寺动身，五里，至琉璃岭。岭在石埭县西北十五里，为青阳、石埭两县交界处。两山对峙，路从中通，峦翠重叠，林木郁森。下有博古桥，跨于涧上，伫立其间，俨在画图之中。余与醉愚、子美，在此流连久之。如由太平入黄山，须过此桥东行，余等则不过桥，沿涧南行，涧水潺潺，林中群鸟乱鸣，以竹鸡为多。七时一刻至六松居，稍休即行。过大石桥，桥有三洞。八时，过百井家村而至柳家梁，乘渡船过大溪。九时，回驴岭。据《石埭县志》云："相传罗隐乘驴访杜荀鹤，遇于岭上而返，故名。"然今岭下有碑记则云"李太白骑驴访友，不遇而返"。不知何故讹为李白也？岭在石埭县南十里，为徽（歙县）宁（太平）往来孔道。四山环抱，行于其间，有路转峰回之妙。十时，至夏村，有市街，颇齐整。十一时，至乌石陇，市肆更热闹，余等在此午餐。十二时三刻行，一时，过黄沙渡，乘渡船过溪。溪水较上午所渡者更阔，所经山路，类皆凿岩石之根，铺石作磴，旁临深涧，俨然栈道。二时抵盛家岭。对面皆山，俗呼开门见山。过凤凰岭而达绥口，行于大森林中，今日气温虽高至九十四度，于亭午过此，亦不觉热。三时，步登鸭脚岭，下岭后，再乘舆行。四时至五里亭，过此即太平县境。五时达桃坑，宿于村店，湫隘污秽，几不能堪！今日自青阳之崇觉寺至此，行六十五里。琉璃岭以上皆山路，渐上渐高，以六松居为最低，仅一百六十米突，桃坑已高至三百三十米突。徽州在万山之中，平原固甚少也。方君颂三不特善招待，且能亲手治膳，余等宿荒村小店，亦颇觉乐矣。

二十二日，晴，晨五时半启行。桃坑有门，额曰："桃源古秀。"今晨所经者，通称十里桃源，两山相对，石磴纡回曲折，涧声喧豗，杂以鸟语，往往前面疑若无路，一转即换一境，真令人有身入桃源之想！七时抵桃岭。顶高三百六十米突，上有腾翠禅林，下岭过石壁。八时半，岩前司。自此以上，景物与桃源相似。然气象更雄伟。高崖巨壑，瀑流倒泻，声震十数里。九时一刻，过凤凰亭而至慈济庵，俗名观音堂，亦呼九里十三湾，盖因岭路多曲折也。十时，至油竹坑。居民寥寥数家，荒凉特甚。十一时到扁担铺，过此为黟县境。在小店啜粥当午膳。十二时，抵羊栈岭脚，此岭为黟之著名高山，舆人不能抬，皆步行登岭，憩于山半之永安亭。一时半，至岭头，有卷洞石门亭，可休息。此处高五百六十米突，若连绝顶计算，当有二千尺。气温八十九度，于此高热度中，又当日午，步登山顶，汗如雨下，惟好景当前，亦忘其艰苦矣。二时三刻，下岭。三时半，至荫暍亭，再经官府街、卢村、叶村。四时，至际村街，街道甚长。商店繁盛。五时，至宏村，住于方君家中，其邻居金君志三，帮同招待，且以其宅，供余等居住。未几，宏村南湖小学校长汪君松涛，偕其弟省轩，及教员黄君栗庄来访，省轩昔年学习静坐法，愈咯血症，与余神交已久，晤谈甚欢。客去，余整理卧榻，晚洗浴更衣，九时即睡。

二十三日，晴，晨六时起。余等因途中劳倦，故在宏村休息二日。上午，余等往答访汪君昆仲长谈。徽俗勤朴，中人之家，妇女多下田工作，男子出外经商。即富裕者，亦不用仆人。故汪君虽为宏村绅董，然款客时，献茶进点，皆主人躬亲之。昨日方家为客具馔洗衣，操种种劳役者，即方君之夫人及亲戚妇女。此等勤朴之风，非江、浙人所能梦见也。汪君导游其宗祠，建筑宏壮，凡族人遭丧，既葬之后，其祖先木主，咸送祠中，不供于家。故族较大者，每房皆有分祠，于此可见宗法之尊严。复至南湖初级小学校参观。即汪君族中公产公款所设立。教员即黄君栗庄。校中用单级组织法。黄君以一人兼任各科，颇有精神。且黄君擅长美术。出示所作，书画皆佳。十二时归。午后，休息。五时，金君志三，导余等游雷冈。雷冈、宏村之小山也。亦颇幽秀，村中男女，于重九日恒至此登高。六时，归。晚间，月色甚佳。

二十四日，晴，晨六时起，上午休息。十一时，汪君昆仲，招宴于其家。肴馔精洁，主人更十分诚恳，畅谈明日进山各事，松涛担任代雇肩舆，省轩则愿陪同入山。午后二时，别归。四时，同人赴际村街购零物，即回。洗浴毕，九时半，即睡。

二十五日晴，晨三时起，整理行装，预备进山。五时半，肩舆已齐，六时，动身。由宏村向东北行，过子路村，逾上梓岭而至梓坑。有梓溪小学校，名为学校，实私塾也。复过下梓岭。九时一刻至潘村，至此为休宁县境。十时半，高桥。十一时，登桃树岭。十二时，登双岭顶，在茶篷休息。岭高四百二十米突，两峰相对，如双髻然，故名。至此为歙县境。徽州方言，闻之不可解，然黟县人遇休宁人，或休宁人遇黟县人，见面时若各操其方言，亦不能相通。与闽之汀、漳，粤之潮、嘉仿佛。多山之地，语言之歧异如此！一时半达冈村。村中皆蒋姓，且其族分布于蒋村、山头、桃源、篁村、洽舍、杨村各处。五十里内，绝鲜异姓，故俗称五十里蒋，余就父老问其世系，则亦百龄公后裔，自河南分支于此。总之皖南各县村庄，多一姓聚族而居，其去宗法社会，固不远也。余等即在冈村午膳。三时，复行，未几，至大岭下，舍舆，步行登岭。四时，小岭脚。五时，汤口，黄山已在望矣。爱其风景，与醉愚徐步玩之。涧声大如骤雨，诸峰连绵不断，夕阳映之，更觉秀美。初意山下紫云庵可宿，虽暮色苍茫，不以为意。六时半，逾小补桥。桥跨青龙潭上。其下皆乱石。奔流迅急，声大如雷。过桥数武，即汤泉。及抵紫云庵中无僧，仅有看守者一二人。则云："庵近来归慈光寺管辖，须至慈光方可住。"不得已，与醉愚、复三再由庵后登山，幸有月色，可以辨路，约行三里余，方到。观澜、省轩颂三、子美已先在矣。慈光寺旧称朱砂庵，在朱砂峰下，本为玄阳道人旧居，明万历间，普门禅师名惟安者，入黄山，玄阳之徒，以道场畀师，改创法海禅院，后神宗赐额曰"慈光"，今为黄山丛林之最大者。寺高五百八十米突，午间气温有八十五度，山中夜凉。则仅六十二度矣。今日自宏村抵此，计行八十五里，余本拟一到黄山，即浴汤泉。以紫云庵不能宿，遂不果。

二十六日，时晴时雨，晨起，盥洗毕，在寺前散步，可

望见天都峰之一面，朱砂、砵盂、紫石、桃花诸峰，前后环
绕。寺中大殿自太平国乱时被毁，至今未复，仅存后面之毗卢
殿。殿西侧上数十武，有普门大师塔。署曰："明赐紫普门禅
师安公全身塔。"黄山之莲花沟，出火浣石，入火焚之，有五
色光，寺僧出一块赠余，颇美观，殆萤石之类，以观澜喜研究
岩石学，遂归之。九时半，同人下山至汤泉洗浴。汤泉之源，
出于朱砂峰。就山根凿石为半圆洞，其下成方池，池长一丈五
尺，阔半之，深三尺余，清澈见底，凡温泉多含硫磺质，相传
此独含朱砂。池前有亭，中有石几，可坐而脱衣。泉之温度本
高，而池壁石罅，别有冷泉一道流入，故颇适宜。余解衣磅
礴，全身浸其中，仅露其首，气煦煦然，若不能胜，出而拂
拭，再入其中，凡三次。浴毕，坐亭畔招凉，异常舒畅。既而
至紫云庵啜茗，凭窗观山，大雨忽至。溪声雨声，几不可辨。
庵侧有木莲花，为黄山之特产。高约三丈。叶似枇杷。盛夏开
花，九瓣如莲，寺僧以其果赠余。十二时，雨稍止。颂三遣人
送雨具来，余与观澜，先回慈光寺。未及半途，已放晴矣。午
后四时，大雾复起，对面不见人，及晚益甚。黄山烟云变幻，
昔人来游者，多遇阴雨。同人相揣，咸以明日未必能登文殊院
也。

二十七日，晨六时起，云雾依然未散，已不作登山之想，
拟仍浴汤泉。九时后，忽日出雾消，同人均兴致勃勃，收拾
应用物件，决登文殊院。惟颂三因畏路险，复三适患痢疾，皆
未去。余兴观澜、醉愚省轩、子美四人同行，心镜和尚为引
导，另有挑子三人。黄山路险，肩舆向不能上，故一律徒步。

十时，由寺后东上。余与醉愚、省轩、子美先行，观澜年事较高，体又肥重，登陟稍艰，须人扶掖，故在后缓行。昔时道路未修，所谓碰头石、五里栏、观音岩、倒破纹诸险，今则或于石旁另辟新路，或已削险为平，自慈光至文殊院，皆筑成石磴，阶级整齐，悬崖绝涧处，则护以石栏，或铁栏，惟路极陡耳。过观音岩而上，为金沙岗。路多细砂，履之颇滑。十一时半，至半山土地祠。空屋三楹，已无人居，在此休息半小时，观澜方至。寺右望见金鸡峰，顶有一石，如鸡昂首。正对天门坎，俗称金鸡叫天门。余与醉愚等三人，复先登，道旁有大石，镌"横云"二大字，款署孙晋。十二时半，天门坎。两崖夹立，中通一径，阔不过三尺，恰如门然，故名。昨在慈光见朱砂峰，高耸云表，至此则已在足底，惟天都峰犹巍然天半耳。再上为云巢洞，洞壁镌"云巢"二字，昔时须由洞中拾级而上。今已于洞外另辟一道。余与醉愚、子美好奇，仍由洞中攀登石级而出。一时，小心坡。悬崖绝壑，昔亦危险，今亦有级可登，故俗又呼为放心坡，道旁石壁镌"别有天"三字，又有"观止"二字。再上有大石，形略圆，径可丈余，厚约五尺，名蒲团石。于此跌坐，可见天都正面。在慈光寺以上所见之天都，乃其侧面之耕云峰，非天都也。再折而上渡仙桥，壁间刻渡仙桥三字，过此见两壁下开上合，中通窄径，昏暗且湿，导者曰："此一线天也。"有三石竖立，松生其际，号蓬莱三岛，进文殊洞，洞外壁上镌"不可阶"三字。出洞，道旁一松，其右枝叶斜侧而出，如伸手迎客，曰接客松。岩下镌"小清凉"三大字。盖文殊菩萨道场，本在山西之五台山，五台亦名清凉山故此称小清凉也。此外磨崖甚多，不悉记。一时半，抵文殊院。自慈光寺至此，计十五里。院亦为普门大师创建，今仅屋五楹，老僧一人居之，亦归慈光寺管辖，方改建新屋。慈光住持脱尘和尚，造屋修路，不遗余力，地方人士，对之颇有信用。故紫云、文殊，皆归其整理。院后倚玉屏峰，峰皆巨石，横列如屏。东为天都峰，西为莲花峰。院前平地空旷，约有数亩，其下有二石山，左名青狮，右名白象，南面有石突起，名文殊台。上有低洼，相传文殊坐禅处。登之眺望，气象万千，朱砂峰已如小阜，万峰攒簇，俨若海中浪纹，此等浪纹，在平地望之，皆高山峻岭也。天都绝顶有石，平而方，侧立一石如人，名仙人观奕，其后耕云峰顶，有石如鼠，作势向天都，俗名仙鼠跳天都。莲花峰以形似莲花而名，其侧有峰，顶似圆锥者，曰莲蕊峰。上有石如船，曰采莲船。在文殊台望天都莲花，皆如在目前。语云："不到文殊院，不见黄山面。"信然！自天门坎以上，奇松怪石，不可名状，松皆生于石罅，其干上下盘曲，枝叶则横斜侧出。除盘山以外，他山之松石，莫能比拟也。观澜于三时方至，在院午膳。膳毕，随意散步，晚间，天净无云，月色分外光明，乃登文殊台看月，盖是日适夏历七月十三也。惟西北风怒吼，声震屋宇，虽棉衣裤，犹不足御寒，即回院早睡。院高一千米突，约合华度（一米突合营造尺三尺一寸二五）三千三百余尺，气温在午后三时，七十度。五时半，即降至六十二度。十二时，起视华氏表，已降至五十六度。昔人游记谓黄山五月披裘，初不之信，今亲验之，殆非虚语。

二十八日，晴，五时半起。八时，出发，满拟今日先登莲花峰，再赴狮子林，观澜以路险，在文殊稍留，即回慈光。余与醉愚、省轩、子美三人偕行。心镜昨夕受冻而病，乃以慈光寺役人为引导。自院西上数十武，折而下，高低曲折，两崖陡绝，中为深谷，曰莲花沟。其间砂砾塞途，荆棘刺肤，既而有石壁阻于前，旁临绝壑，壁下凿孔，仅容半趾，所谓小阎王壁也。余等扪壁攀藤，次第而过。壁间镌"大士崖"三字，意取凭观音大士慈悲，俾人得度此险也。过此，复有一壁，比前尤长尤险，曰大阎王壁。复由谷而上，乱石无径，榛莽横生，蔽及半身。九时一刻，升莲花岭，是时忽大雾迷漫对面不能见，人又复狂风怒号，余与醉愚、子美自岭右石坡，蛇行登莲花峰，路皆巨石与沙碛，崖旁镌"一览众山小"五字。未及半里，雾益浓，风益大，立足几不能稳，导者云："再上风更大，今日恐行不得矣。"余等亦以雾里看山，毫无佳趣，遂下岭，再登百步云梯。梯百余级，昔亦天险，今已新修石级，半凿崖石为之。险处多护以石栏。下梯，再左转而上，达鳌鱼洞。洞在鳌鱼峰下，洞口三角形，旁镌"天造"二字。由洞中历级而升。出洞再逆转而上，则鳌鱼峰顶，全体呈露。有首，有脊，有尾，长可数十丈，酷似鱼形。过此即为天海，天海者，乃莲花峰下之平坦处，周围数十亩，惟道中多砂，如行沙漠。黄山有五海：山前慈光寺间为前海，山后云谷寺间为后海，狮子林之西为西海，清凉台之北为北海，而天海居于中央。斯时浓雾漫漫，所谓炼丹台、平天矼、光明顶、万松岭等胜景，皆从雾中，模糊过去，非特远近不可知，即高下亦几不辨矣。十一时半，抵狮子林。寺僧清如，迎入寺，寺在狮子峰下，颜曰狮林精舍。高九百四十米突，气温六十三度。自文殊院至此，十五里。先进面点，再午膳。膳毕，访李居士法周，居士江宁籍，隐居于此，已十余年。每中夜起诵《法华经》为常课，有心人也。黄山正面诸峰，皆峭拔露骨。惟狮子林一带，峰峦凝翠，万松成林，境独清幽，而始信峰尤为拔秀！午后一时，由寺后往清凉台，道旁有麒麟松，两枝分叉如麟角，又有凤凰松，枝叶扶疏如凤尾然，皆以形似而名。约半里，至台下，台长方形，特然孤起，四无依傍，长约八尺，阔四尺，自台后凿石架道通之，登台俯视，身若悬空，较文殊台地势更奇，惜雾气未散，不能远眺，否则北海诸峰，及石笋矼，皆历历在目也。台畔有松，生于石罅，盘曲侧出，名破石松。惜已死，仅余枯株。自台折回，登寺后之清凉亭。楼阁数楹，高出寺上。稍憩，即回寺，本拟不出门。三时，天气稍清，遂往登始信峰，出寺东南行，清如和尚为导，见峰麓一小峰特立，顶圆锐如笔，松生其旁，破石而出，枝叶缭绕如曲柄，梦笔生花。按《黄山志》，即扰龙松也。再前行，有大松如张盖，曰虎卦松。又有一本二株之连理松。所经皆小路，极难着足。然距狮子林，不过三里余即至。始信峰头，裂而为二。架石梁通之，名通仙桥。桥跨两崖间，由上俯视，则绝壑也。其左有松一株，旁枝横卧桥畔，游人可扶之而过，曰接引松。进桥，迎面石上镌"聚音松"三字。至此乃侧行于石罅间，如狭巷，上至绝顶，石壁上刻"始信峰"三天字。奇石罗列，或卓立，或斜倚，或方形堆叠，势若凌空，奇松亦多，殆不可名状。顶有石台，镌"丽田生弹琴处"隶书六字。清乾隆年间，仪征江丽田，隐于此山，善鼓琴，丽田有摩崖自记文，但大半剥蚀，不可读矣。是时雾尚未散，不能眺远。四时，即回狮子林。五时，气温降至五十九度。晚膳后即睡。

二十九日，晴。六时起，气温五十七度。盥洗毕，先至清凉台，看云铺海，白云平铺如海中浪纹，弥望无际，日光射之，皆作银色。群峰没其中，仅露其尖。遥望石笋矼，隐约可辨，昨日雾中所不能见也。归寺早膳，因念昨日未登莲花峰，今日不能顾惜腰脚，决与醉愚、子美、省轩，折回原路重登之。八时出发，清如和尚为导，余以布鞋已破，改着草履，顿觉轻快。逾万松岭，昔时古松极多，故名，今则岭下大松，皆采伐以供建筑，仅岭上有松林耳。在岭顶可西望翠微峰，峰下即为西海。翠微与仙都二峰间，开豁如门，曰西海门。从门可遥见太平县之焦村。下岭，复登光明顶。顶正对莲花峰之背，高一千四十米突，有"海阔天空"四大字摩崖，其下有蒲团松。自顶下，即为平天矼。矼下有茅篷，为天海庵遗址。清如和尚昔曾在此经营茅屋三间，今无人居。在光明顶望鳌鱼峰脊，有石如龟，伏于其上，名鳌鱼驼金龟。平天矼至莲花沟间，惟鳌鱼洞一段，路已修筑，两端尚有七八里未修。省轩以莲花峰路险，至光明顶而止。仅余与醉愚、子美二人前往。由光明顶下天海，见有大悲庵遗址。远望莲花峰后，尚有一峰，曰老人峰。以志考之，殆即石人峰也。登炼丹台在鳌鱼峰后，顶有石洼，相传为黄帝炼丹之丹池。台高一千二百米突，自此经鳌鱼洞，而登百步云梯，重上莲花岭。稍休，即鼓勇登莲花峰。由石坡斜上，即无路，但由巨石上，凿空以容趾，有时大石当前，高可及肩，即用手仰攀，耸身以上。石旁复多荆棘，刺及手足。更有数处，纯是砂砾，滑不能履。至此，则竹杖全失其功效，惟有手足臀三者并用。上升时，凡穿过石洞四，正如从藕节中，缘茎入瓣者然。十时三刻，至绝顶，顶方丈许，巨石或欹或立，踞石俯视，众山皆在足底，惟天都兀然对峙耳。测之，高一千六百米突，约合华度四千九百六十余尺。斯时气温为八十度，绩溪程敷锴绘黄山平面图，言实测莲花峰，海拔五千六百三十尺，相差不远。盖余所用气压测高器，因气候有伸缩，且米突合华度，亦有零数也。自狮子林至莲花峰顶。十五里，往返盖三十里矣。十一时，下岭，仍原路徐往而归。一时半，回寺，午膳。膳毕，休息。醉愚与省轩，尚有余力，于午后一至散花坞。余与子美，则未出门，晚至清凉台看月。

三十日，晴。本拟再留一日，一游散花坞，探石笋矼而至松谷寺，计程亦十五里，一日可以往还，既而同人相商，以黄山烟云变幻，难得连日晴明，且观澜在慈光寺久待，复三痢疾，不知愈否，势不得再留，遂决议取道云谷寺，观九龙瀑，即回紫云庵。七时，出寺，向东南行，循始信峰麓前进，有歧路。左即往始信峰者。余等取右道，逾黄花岭，路皆窄小，草莽没及人身，峰高九百米突。下峰度涧，涧中乱石充塞。履石而过，又过一涧，较前更阔，状亦如是。九时至白沙矼，路皆细砂，履之辄跌，有亭可以憩息。再过涧，道旁有雪庄塔。雪庄和尚名悟，淮阴人，结茅于黄山，寂后建塔于此。

九时半，登白沙岭，岭高七百八十米突，前所行之白沙矼，即白沙岭下之山冈，犹之光明顶下有平天矼，矼应作冈，不知何时传写为矼？矼与扛通，乃桥梁也。岭上岭下，皆白色细砂，故以为名。下岭，路陡砂滑兼以败叶蔽途，步履之艰，匪可言喻，转不若登莲花绝顶之壮快也。复逾涧两道，十一时，抵云谷寺，寺高六百米突，自狮子林至此，十五里。寺旧称掷钵禅院，在钵盂峰下山坞中。相传为宋丞相营菟裘处，亦名丞相源。明万历间寓安和尚开创此寺。厥后邑宰傅岩改题为云谷。寺前有锡杖泉，其南北各有萝松一株，同干异叶，盖松萝之合干者也。昔时规模颇大，今仅破屋三楹，寺僧宝山，正从事建筑，余等在寺午膳休息。十二时一刻，即行，得稍平坦之路里许，又复荆棘碍人，与前无异。山峦重叠，摩崖甚多。曰"妙从此始"，曰"通幽"，曰"醉吟"。忽有峭石立于道左，上镌"仙人榜"三字，名仙榜峰。又登一岭，高七百五十米突，顶有二石，夹立如门，镌"开门石"三字。遥望九龙峰，巍然在目。未几，九龙瀑之上源，如飞练一道，挂于林隙矣。源出于九龙峰，每节泻为潭，潭复溢为瀑，如是有九叠，故名。是时山中苦旱已久，瀑流不大，泻于黄石间，故远望若黄色，而潭则碧色。九叠之瀑不易全见，须舍通路，下斜坡，始得见之。二时，至苦竹溪，有牌坊。额曰"黄山胜境"。自此路皆平坦。三时，逾芹菜岭，岭高四百米突，而长有三里余，未几，抵汤口。自狮子林至此，三十里。醉愚步履最健。且冷不必添衣，热不必脱衣。一路吟诗，从容自在。余与子美，足力已疲。在汤口雇肩舆，坐以待之。移时，舆至，即乘之行。五时，回紫云庵，稍休，即再浴于汤泉。数日宿垢，为之一清。心镜和尚至，述及观澜、复三二君，尚在慈光，待余等同行。复三疾愈，亦曾一登文殊院。是夕，醉愚仍上慈光寺。余与省轩、子美，则宿于紫云庵。涧水声喧，有如骤雨，枕畔闻之，殊有意味！

三十一日，晴，五时起。收拾行装，准备下山。六时，观澜、醉愚、复三，自慈光寺下来，即与余及省轩、子美同行。循原路回宏村，午后一时，在潘村午膳。六时，到宏村。仍寓方君颂三家中。颂三家中。颂三先回，已两日矣。晚膳后，洗浴更衣，早睡。

九月一日，晴。是日，完全休息。午后三时，往访项君积余。晚，颂三因明晨请观澜为其考及兄题主，设席宴余等。徽俗视题主之典礼，较江、浙更为隆重。

二日，晴。上午，方家行题主礼，观澜为大宾，余与醉愚为左右襄题。礼毕，方君即率家属，奉木主送入祠中。晚，项君积余，邀至其家便餐。此次在黄山，仅半日遇雨晴霁时多，而归途取道新安江（通称徽河），则因近日水小无舟，同人颇以为虑，乃晚间昏黑如墨，中夜大雨，可谓巧遇！

三日，阴雨。汪君松涛，本邀往城中游览，因雨未果行。午后，汪君携所藏史可法家书墨迹来，请余等玩赏。晚，黄君栗庄，送筵席至，宴叙甚欢。

四日，晴。六时起，预备进城。九时，乘肩舆行。松涛、栗庄志三，陪同前往。省轩、积余，皆来送别。颂三则因携眷赴南浔，明日径赴鱼亭，准备船只，故不进城。十时至北庄，稍休。十一时，抵城外广安寺。到此渐近平原，地势较低，高二百四十米突。在寺午膳毕，二时，与汪君等同进城，访程君梦余，座中兼遇汪君季和，畅谈颇久。二时，别归，顺道购零物。四时半，回寺。晚，程君在其寓招饮，八时后，回寺度宿。

五日，晴，七时起。汪、黄、金三君来，复同进城游览，至学宫，泮池旁有魁星、文昌二楼，颇擅风景。途遇程君，则云："至寺中答访未遇，寻踪到此。"十时半，程君邀宴于市楼，别后回寺。十二时，余等五人，即乘肩舆起身。汪、黄、金三君，在寺前珍重揖别，向县东南而行，未几，抵石山，系一小山，石皆露骨，故名。自此循山麓行，皆凿山根作磴道，右临大涧，两旁悬崖陡立，石层皆横断，树木亦层层而上。余等五乘肩舆，联属而行，前后相望，俨如蜀中栈道。一时，过浔阳台，相传李白尝钓于此。壁间镌"浔阳台"三大字。既而抵栈阁岭，即石门，山势壁立，下临深溪，凿石为门，中开一径，故称石门，亦名小剑门。其险处，昔时支木以行，有似蜀之栈道、剑阁，故称栈阁，今则皆筑石道矣。又南行，上桃源洞，实则就山崖凸出处，凿石为门，称之曰洞耳。洞下即往来大道，其旁有紫竹庵，在此啜茗休息。午后三时半，抵鱼亭。此处为水陆通衢，市面热闹，有普济桥，跨新安江上，长百四十步，下有七洞。方君颂三及其眷属，已先至。雇定小篷船一艘，盖江之上游，滩多水浅，只有小船可行也。六时，下船，船虽小而极洁，饭食甚佳。同人皆席地横卧，夜半开行，月色入舱，别饶趣味！

六日，晴。晨六时，舟抵岩脚，停齐云山下（**即白岳**）。余等五人，步行登白岳，一日游毕。颂三留船中未去。白岳虽小，具有特色，与黄山面目，完全不同。另作记详之。午后，五时半，开行，经西馆至蓝渡过夜，计行二十里。江中既多滩，水急易泻，故土人因滩作闸门，以巨木横堵之，俾可容水，闸面之水，恒高出闸下丈余，舟抵闸则启门，自门趁水下驶，颠簸特甚。自鱼亭至屯溪，所过之闸，不下数十。

七日，阴雨。前在宏村，虽得雨，尚嫌未足，然游山则必须畅晴，果也昨日在山则晴，今日在船则雨，可谓如愿以偿矣！晨，六时开船，九时至休宁县之梦街（**万安街**）。停舟购食物，即行，过古城岩，岩在岩东七里，亦名万岁山。麓有巨石，夹立如门，有亭，有榭，颇饶园林风景。斯时风雨甚大，小船两头洞然，无有掩蔽，各人衣服多湿。然新安江自屯溪以下，尚嫌水小，有此大雨，方可畅行无碍。午后二时，到屯溪。今日自蓝渡至屯溪，计行四十里。船抵埠，相偕登岸，改雇大船，舱中上下有十二铺位，议价既定，颂三料理各人行李，由小舟搬至大舟，余等即至华新池洗浴。浴毕，回船。整理卧榻，遂同赴市楼晚餐。屯溪为交通孔道，故商务繁盛。其他高度，仅二百四十米突，本日气温至八十八度。八时半回船。

八日，阴雨。晨，同人登岸购物，余在船休息。十二时半，开船。水大风顺，行驶迅疾。一时至鱼坑，入歙县境。以下江面宽阔，而多险滩，所谓滩者，江底皆有暗礁阻碍，致水激如沸，与小舟所经之闸口不同。船行纯恃船首掌头篙者，熟谙水线，方不致误事。五时，岑山。山在江中，四面皆水，上有观音寺，故俗名小南海。六时半，朱家村。阵雨大至，雷声殷然，乃停舟过夜，今日计行六十五里。此地高二百米突，气温八十三度。

九日晴。晨四时，开船。行十五里，至梅滩。因天未大明，而滩险水溜，停桨以待。五时半，安然而过。八时深渡。停舟一小时，购食物后即开。十时，十里长滩。十二时，山茶坪。以下横石滩美滩。接续而至，波涛汹涌，礁石矗立，舟循曲线，在石罅穿过，浪击船底，拍拍作声，舟子咸有戒心，望见来舟，逆水而上，以二十人并摔一纤，方过一滩，我船顺流而下，为幸多矣。十二时半抵街口，入浙江界。午后一时，过梅花洪，此滩之险，更甚于前！向例客人咸须登岸，减轻船之重量，舟人则用纤倒曳俾舟下较迟，以免危险，今因水大，其右别有一道可行，亦得安过，复经滚滩。二时，抵威坪，停舟购物。余亦偕同人登岸，市面甚小，略览即回。二时半，开船，此时气温八十三度，地高二百八十米突。三时至云头滩。五时，向山潭，俗称狮子口。有圆岩突出流中，如狮子之首，故名。六时半，淳安县过夜，今日计行一百八十里。晚间，登岸散步，县小无城郭，市街亦不繁盛，有微雨，即回船。

十日，晴。晨，五时，开船。六时，港口。九时，藻河埠。十时半，茶园。今日经险滩，不若昨日之多。然亦有一二大滩，因水涨石没，故舟行不觉。所谓新安三十六滩，吾等所感觉为险者，不及十处，皆因水涨之故。午后一时，洋溪。六时半，建德（严州）。停船过夜，进城散步，市面之盛，亚于屯溪。

十一日，晴，五时半，开船。自此即行于桐江，盖信安江

（亦名衢港）之水，自兰溪至此，与新安江合流，故名桐江。自桐庐以下至富春，又称富春江。下流即入钱塘江矣。出严东关，经乌石滩。十时，过胥口，进七里泷，泷中两岸皆高山，水道狭而曲折，若有风时，泷风更大，舟即不能进口。今日无风，而泷中之风仍不小，我舟逆风而上，倍觉迟缓。谚云："无风七里，有风七十里。"盖言其难行也。泊舟严滩，同登严子陵钓台。（另详严子陵《钓台记》）十二时，回船。泷内风大，出口尤难，眼见数船，守风不行，我舟独鼓棹前进，波澜壮阔，舟为震动，舟子尽力，并加三绺，历一时半，方出泷。风息，舟行乃速。四时半，抵桐庐。此地高一百三十米突，气温八十四度，今日行九十三里。余等登岸，品茗于江楼。望见隔岸桐君山，山在县东二里，一峰秀出，下瞰江流，上有塔。相传昔有异人，结庐桐树下，或问其姓，则指桐以示。因号其人为桐君，山因以名焉。在市楼吃面毕，至街中散步，六时半，回船。

十二日，晴。八时，我舟由振兴轮船拖带而行，共拖六艘，乘风破浪，行驶迅疾。九时，达窄溪，入富春江。十时至新登。十一时至富阳，入钱塘江。午后，一时至义桥，文家堰。二时半，到杭州闸口。轮船于此解缆，我舟仍鼓桨以行。目桐庐至此，行一百八十里。余与醉愚、子美、颂三三君，舍舟登岸步行五里，至海月桥，王云五过塘行。四时，船抵行前码头，袁、邢二君亦至，由行中代起行李上陆。颂三因率眷赴南浔，即在此分别。余等五人，分乘人力车，赴湖边清泰第二旅馆。部署行李既毕，观澜留待其友，不出门，余即偕沈、周、邢三君，至明湖洗浴。浴毕，饭于功德林。九时归。

十三日，阴雨。上午九时，同人往二我轩摄影，以留纪念。事毕，观澜一人出外访友，余则至湖滨公园，既而沈、周、邢三君亦至。十二时，同饭于三义楼。及回旅馆，观澜已归。于是五人同乘汽车往灵隐游玩。四时，乘人力车赴岳坟。途遇大雨，遂至李公祠昆虫局，访邹君树文，参观局中各种设备，登楼饱览湖山雨景。五时，雨尚未止，遂雇车归。途中风狂雨急。六时，回旅馆。陈石珍、赵铁玫夫妇二人来访，邀往功德林晚餐。九时归，夜间雨大，风势尤狂。

十四日，阴雨。各人预备回里。观澜因须赴海宁，多留一日，醉愚、复三回南浔。余与子美回沪。六时半，四人同赴城站趁火车。七时四十分开行。车至嘉善，沈君思齐在此趁车。久别忽逢，畅谈至快！沈君应松江佛学会之请，前往演讲，故至松即别。十二时，到沪。家人多在站迎接，乘汽车回家。

黄山之游归后，即经旬大雨。上海亦平地水深五六尺，浙东西即告水灾。此淫霖若早降一二日，吾等在桐江遇之，则船不得行矣。此诚幸事也。抑黄山路险，人人闻而生畏！今日情形，实已与昔日不同，不可不表而出之，盖近年来修筑道路，呈功颇速。山南慈光寺，至文殊院，全路已成。山后之鳌鱼洞一段，天海庵至狮子林一段，山北狮子林至松谷寺，亦均新修。大概视捐款之多寡，次第兴工，所未修者，惟莲花沟及鳌鱼洞至天海两段，及山东南狮子林至云谷寺一路而已。只须莲花沟及鳌鱼洞至天海庵两段修好，则自文殊院至狮子林，已无危险。路工不过六七里耳。莲花沟虽险，而路较短，惟狮子林至云谷寺，路既长而难行，沿途又无风景，余意后之来游者，可以避之。自北面入山者，第一日游散花坞、石笋矼，而宿狮子林。顺道览始信峰之胜。第二日游天海、鳌鱼洞、莲花峰而宿文殊院。第三日由文殊院至慈光寺、紫云庵。第四日可乘肩舆自汤口至苦竹溪。步行观九龙瀑而至云谷寺。自南面入山者，则游毕狮子林后，宜仍回慈光，亦取道汤口观九龙瀑，不过多费一日耳。如此则可避免狮子林至云谷寺难行之路，以其徒劳而无好景也。此余新得之经验，后之游者，可知所择焉。

白岳纪游

白岳亦名齐云山，在安徽休宁县西三十里。据《休宁县志》："登山者，先至白岳，上升天门，至真武观，观后一山突起，如屏倚天，方称齐云岩。"是白岳岭与齐云岩，原一山中岭与岩之名。及明世宗嘉靖年间，祈嗣有应，遂赐名齐云山。敕建真武观为元天太素宫，御制齐云山元天太素宫碑，于是通称皆曰齐云山，而白岳之名稍隐矣。

余于民国十七年，九月，与袁观澜、沈醉愚、周子美、邢复三，既游黄山毕，于是月五日，自黟之鱼亭乘舟，一夕而抵休宁之岩脚。晨七时半，相偕步行登白岳。过岩脚村，不及半里，即至岭下。有横额曰"白岳飞云"，有亭名"步云亭"。亭后高竖一碑，曰："齐云仙境。"拾级而上，即白岳岭。石磴整齐，岭顶有关帝庙，庙前绿竹成林，间以老树。九时，登桃源岭，岭有望仙亭，亭高四百一十米突，气温八十度。自亭左可通桃源洞，亦名洞天福地。其上为展诰峰，其下有桃花涧，亭右则登一天门。余等先由亭右曲折绕行，见一高楼，巍然特立，题曰：一天门。登楼右转，乃从门入，巨岩骈立，环东南西三面，岩头俯出，如屏如嶂，其东岩之脚，似象伸鼻，鼻下天然成门，高三丈，横半之，名曰天门，称其实也。循岩脚东南行，多山洞，洞皆供仙佛。首经道德岩，内供老子像。二曰圆通岩，内供观音像，亦称观音岩。前有二石碑，叩之发声，左似钟，右似鼓。三曰罗汉洞，内供罗汉像。洞深而黑，相传有二十余里，可通县之蓝溪渡，然愈入愈狭，空气不足，有碍呼吸，无有能穷其究竟者。四曰龙王岩，亦名两君洞。洞顶石罅，有水下滴如檐漏，与北平西山之滴水岩相似，名珍珠帘。下汇为碧莲池。又西过文昌岩、黑虎岑，折而南，登天梯，曰二天门。乃人工所造者，远不如一天门之胜。经车碛岭，抵三天门。颜曰：江南第一名山。三天门仅有其名，而实无门。今考一天门，旧时本仅称天门，或称东天门，与西天门相对，殆后世以人工筑成二天门，遂勉强凑足一二三之数也。自此以上，为山顶平原，有市街，以儿童玩具店及饮食店为多。太微道院及十二房头，大率在是。十时，抵元天太素宫。宫初建于宋宝庆年间，名佑圣真武祠，屡经兴废。至明永乐年间，改称齐云观。嘉靖年，始改今名，为此山主庙。殿宇巍焕，丹漆方新。宫后倚玉屏峰，即齐云岩。左有鼓峰，右有钟峰。宫前数百步，一峰突起，不与群山连属，上有铁亭，亭中置铁香炉，亭外置铁烛架，须攀纽而登，曰香炉峰。余等至小店吃面，十一时半，自太素宫西行，一小峰离立涧下，曰舍身崖。逾浮云巅，则见层峦重叠，长可数十丈，其巅则平，曰紫玉屏。屏右有鹊桥峰，峰下有洗药池。再前行，则巨壁横列，崖顶突出而俯，上镌紫霄崖三大字，其下为穹然。依形势建楼阁，曰玉虚阙，俗称老殿，盖呼太素宫为新殿也。崖前有石驯伏，引颈似欲长鸣者，曰橐驼峰，犹太素宫前之有香炉峰也。自崖西行，折下复上，数峰离立，堆翠如螺髻者，曰三姑峰。对面有五峰高下比肩而立者，曰五老峰。五老之北，有五峰并峙，其中稍高而顶平者，曰五凤楼。遥望紫云关，在五老峰与独耸峰之间，两山夹立，仅通一径，故亦称西天门。自西天门出，可探石桥岩、棋盘、龙井之胜。但须住山一二日方可。余等以本日即须返岩脚，不及往。乃西北循山坳小路，登独耸峰，路险且窄，愈上愈陡。至山半，则石磴如螺旋曲线。磴旁虽围以木栏，半指朽坏，不可攀扶。十二时一刻，至顶。有耸翠庵，庵中无人，此地亦名方腊寨。宋徽宗时，睦州清溪人方腊作乱，驻兵于此。登顶眺望，众山皆低，是为白岳之最高峰，然高度不过四百八十米突，仅华度一千四百八十余尺耳。斯时气温八十八度。自顶下，仍原路回，至紫霄崖啜茗休息。一时一刻，即返。二时，顺道游桃源洞，洞有玉枢宫，亦祀真武，余等从福地祠入，再上为通灵殿。殿后有真身洞，张邋遢仙人之真身也。有"真身肉藏"四大字碑。邋遢仙者，姓张，名君实，号三丰，辽东懿州人，明嘉靖间，寄迹休宁之西廓镇桥庵，露宿门外。日游城市，夏时衣破衲，曝日中，冬日跣足践霜雪，黄上舍国瑞，筑室齐云半山中，使居之，日惟一食，或数日不食，扃关寂坐，一日，忽书偈示其徒，跏趺而逝。其肉身藏此洞内，洞左右各有石床，半为人工所成，曰仙人床。余等至玉枢宫，啜茗，小坐，即出宫，至望仙亭下山。四时半，回船。自岩脚至老殿十里，老殿至方腊寨五里，今日往返行三十里。多日未浴，汗垢满身，乃解衣入江，履乱石，至中流冷浴，甚为爽快。

白岳虽小，然足与黄山竞美。以大体言，黄山为花岗岩，白岳则为红砂岩，兼砥岩。黄山峰峦，皆尖锐露骨，白岳之峰峦，皆为圆锥形，远望之个个若圆丘，面目完全不同，自成一格，即其他名山，亦鲜见此峰峦也。又白岳之巨岩，恒联列如屏，此惟雁宕之屏霞嶂及石屏风，可以拟之，黄山无此景也。至石桥岩之胜，徐霞客已云："比天台石梁，更觉灵幻。"亦黄山所无。惜余等以限于时间，未能一探耳！

白岳全山皆道观，祀真武，每岁真武帝诞日，进香之人甚众，平时亦不绝，故乞丐亦麇集。天门之内，碧莲池畔，极秀美之地，均为若辈餐宿之所。又香客不知公德，遍地排泄粪秽，羽士但知收入香火钱，而不知扫除，山中到处皆秽气，令人掩鼻，斯诚白圭之玷也！

黄山修治道路记

戊辰年秋，余兴老友袁观澜等，溯扬子江，自大通登陆，道九华入黄山，后沿新安江下钱塘，登严子陵钓台而归。黄山跨皖南旧徽宁两府地，周围百数十里，峰峦岩壑之奇，几难以笔墨形容！明末徐霞客遍历海内名山，亦曰"黄山天下无"，吾观止矣！可见兹山之胜也。顾以道路崎岖，游人登陟，备极困瘁，往往闻而却步。距今六七年间，始有某君募款兴修慈光寺以上石路，而达文殊院，计十五里，而吴江金君松岑，宜兴储君南强，亦倡修狮子林至平天矼，计五里。是为黄山修路之最先者。但两路东西不相接，自文殊院以西，经大小阁王壁至莲花沟，达于天海，约六七里，两崖陡绝，下临深谷，最为奇险，尚未兴修，而又为山南至山北必经之路，游者无可避免，余等既有感山水之奇，复怵乎登临之险，于归途中，遂有募捐修路之议。观澜特为锐进，返沪以后，邀集诸友，开会提倡，奔走数月，劳倦不辞，刊印捐册，分头劝募，推举汪君宗道担任出纳。会武汉兵事起，商业滞疲，募得之款，未能达预定之数，乃函邀太平陈君少峰，慈光寺脱尘和尚来沪，商定施工先后次序：第一步先补修阁王壁、莲花沟以达鳌鱼洞；第二步修狮子峰至丞相原；第三步修天都峰自麓至巅之磴道。议既定，少峰即还山兴工，惨淡经营，凡估价雇工运料等事，悉少峰与脱尘任之，计五阅月而第一步工毕。原议三步工程，未将莲花峰之磴道，规画在内，盖因款绌。且莲花峰虽险，尚有羊肠可通，腰脚健者，犹可鼓勇而上，非若天都之不可阶也。而汪君宗道，以莲花沟既修而不及莲花峰，未免缺憾！乃慨然独任。于庚午之冬，自捐二千金，畀少峰在山兴工，逾半年而工成。从此峻绝之莲花峰，可以拾级而登，而自山南达山北者，亦有坦途可循。后之游者，可无昔日行不得之叹矣。少峰驰书抵余，谓路事既告一段路，不可无文以记，属余任之。窃念兹事之发起，观澜最为热心。且云工成，当亲自撰文，记其崖略。今第一步工程甫毕，而观澜已归道山，人事不常，曷胜浩叹！观澜既殁，恐第二三步工程，告成非易，是则吾侪之责也！是役也，观澜号召之力最多，而筹画款项，复自斥巨资者，则汪君宗道也。亲自督工计日观成者，则陈君少峰及脱尘和尚也。微此数公者，则路事必能举例得特书！若余者，则惟追随数公之后，徒效笔舌之劳，盖不胜惭愧者矣。凡捐款诸君姓氏，另行详列，谨撰斯文，泐之贞珉，竖之莲花峰下，俾游人过此者，有所观感焉。民国二十年辛未六月记。

湖南游记

南岳衡山纪游

衡山之大，周围八百余里。自昔相传有七十二峰，实则连峰攒列，各自为高，其数奚啻七十二。体势闳大，跨越长沙、湘潭、湘乡、衡阳五县境，视他山之仅一二峰独尊，众峰皆小者，迥乎不同，宜乎其称岳也。岳之首曰回雁峰，其足曰岳麓。余于民国四年六月，偕袁君观澜，旅行鄂、湘乃往游焉。溯湘江而上，先游岳麓，次登衡山，终至回雁，自麓及首，足迹皆至，南岳之游，于是乎备矣。

余等以六月六日，至长沙。九日之晨，往游岳麓。出小西门，渡河二道，乘兜子入山。先至高等师范学校，参观半日。午后三时，乃登山。自麓至顶，不过五里。由山之东，迤逦而上，路径曲折，大雨之后，涧水潺潺，声如瀑布，山鸟时鸣，与之相和答。秧针簇水，高及尺余，而老树森森，掩蔽路径，益觉幽深！三里至万寿寺。寺旁有白鹤泉，水甚清冽。再上，得印心石。其左，湖南反正时被戕之陈副都督墓在焉。山之半，有云麓宫，对江辟望湘亭。在彼小憩，有老道士出茗点款客。遥望湘江，眼界豁然，中有牛头、水陆二沙洲，隔江为二，即入山时所渡之二河也。既出，行五里，及山巅，有岣嵝碑，岣嵝本赝物，是即明嘉靖间长沙守摩崖勒于此者，年久风霜剥蚀，字迹模糊，不能辨矣。再西至云麓峰，为最高处。东望长沙城，屋宇栉比，江畔山峦重叠，皆在足底。西望诸峰绵亘，亦皆奔赴岳下，山泉崩泻，下潴为溪，或圆或方，与秧田相间。自山之西而下，道路皆砾石，比登山时难行，乃舍兜子而步，约六里余，至漾湾寺，已及山麓矣。仍渡河而归，夕阳尚在山也。

六月十四日，离长沙。午后三时半，抵湘潭。十六日，至衡山，宿于李氏家庙。

十八日晨，往游南岳。乘兜子出望岳门，遥见连峰插天，烟云杳冥，若隐若现。十一时，过一亭，前有"引人入胜"四字。复经九龙泉、师古市，自此地势渐高，两旁皆山，径路纡回曲折，或高或下，竹树夹道，涧声不绝。连峰之巅，虽畅晴犹出云，油然瀚然，若烟若雾，变幻不可名状。行三十里，达岳庙。宏阔壮丽，较泰山之岱庙，规模虽不及，而整饬则过之。庙之大门内，为棂星门，旁有东便西二门，门内为戏楼。左为钟亭，右为鼓亭。再进为正南门，重楼二层，左右有东川、西川二门，更进为嘉应门，门内有御书亭。后为正殿，最后为寝宫。余等憩于庙旁之三元宫。有道人出而款客，舍余等于客室，甚清洁。以时尚早，乃再雇兜子，往游水帘洞。自岳庙之东北行，山中道途平坦，四围皆大山，而中多平原，平畴绿野，弥望皆是，秧田依山高低，利用山泉，高田之水，泻入低田，不必用龙骨车，而水利丰足，山民比寻常农夫，用力乃省十倍矣。行八里，闻蛰声如雷，盖即水帘洞之瀑布，崩流于乱石间而作声也。未几，遥见两崖之间，如絮如雪而喷射者，即水帘洞也。其水实为瀑布，源出于紫盖峰，自上倒泻，至此适当两崖之坳，坳处有仰穴，水经此激射而上出，复奔放而下，喷珠抛玉，轻明若帘，故名。下临大壑，故声闻数里。其旁有石壁，石色黝黑如铁，镵则如斧劈，若与水帘争奇者。洞在山之高处，路险滑不易登，稍平处砌石为级，陡削处则凿岩石为级，舍兜子步行而上，至近洞口，坐巨石恣观之。薄暮乃下，复乘兜子归。

十九日之晨，乃为祝融之游。八时，乘兜子由庙后北行。遇遥参亭而上，行二里，经驾鹤、青岑二峰。二峰间有潭水下泻，名络丝潭。潭源自芙蓉、香炉诸峰，自高而下，虽不若水帘之陡，而其声之洪大过之。五里，过玉板桥，至报信岭。自此而上，壑声愈大，如万马奔腾，望见彩霞、朱明诸峰，峰峰攒簇，其端出云，云气升腾，忽而掩峰之半截，仅露其尖，忽而掩蔽峰顶，惟见翠黛，东鳞西爪，殆似碎裂之锦，悬薄空中，转瞬又失其原状。十里，至半云庵，自此而上，路愈陡峻，层累复折，愈转愈高。十五里，至半山亭憩焉。俯视湘江，其狭如带，风帆如叶，隐隐可辨。再上为紫竹林，山中丛竹，自成群落，夹道而生，十数里不绝，故名。再上益峻，舆夫一步一喘，行二里，至邺侯书堂，为唐李泌读书处。又二里，至铁佛庵。时已过午，在此出干糗当午餐。再上为丹霞寺，俗名五岳殿。遥望南天门，尚在云端。再上为湘南寺，其下有文殊洞，洞中有巨石，前塑文殊像。洞之内左，水声淙然，其上又有大慈普观洞，自此至南天门，山腹多巨石突出，如象、如马、如狮、如龟。至南天门，而祝融峰之面，始突现眼前。东望芙蓉、紫盖诸峰，西望烟霞、天柱诸峰，对于祝融，如环拱辐辏。俯视下方诸山，在平地时亦甚高峻者，至此乃如丘如垤，累累然若千百之荒冢也。既逾南天门，折而下，复仰而上，始克登祝融峰。经狮子岩，有巨石耸立，酷似狮形，岩前镌四字，曰："天然大师。"下为洞穴，穴旁有泉，曰古狮子泉。自狮子岩分两道：左往高台寺，右往上封寺。余等乃至上封寺，寺东有观日台，从小径步行往登之崎岖陡绝，努力攀跻始至焉。上有六角石塔，前为方石台，中竖一碑，题曰："观日出处。"再上，至祝融峰顶，是为岳巅。盖自岳庙至此，已行三十里矣。岳巅风雨不时，有一石屋，俗名圣帝庙，为游人避风雨之所。有横匾一，曰五龙拱极，盖指天柱至雷祖五山脉，皆若归向祝融也。屋之南巨石矗立，上建一碑，曰同源碑，字迹飞舞，日暮不能尽读，大概取三教同源之意。此行携有测高器至岳巅测之，高一千零五十秝，约合营造尺三千一百五十尺。较湖南省刻会典馆舆图所载，祝融鸟道高三百十四丈五尺者，所差只五尺耳。祝融峰空气高寒，是日午，华氏表八十六度。晚八时，骤降下十度，夜半三时，为七十二度。是晚宿上封寺，狂风震撼屋宇，兼有骤雨，御棉衣裤，始不觉冷。南岳寺庙，惟岳庙之三元宫，较为洁净，余皆湫隘黑暗，供客仅有粗粝之食。上封寺虽在极高之处，然因雨降不时，墙壁阶柱，皆湿润如沐。据寺僧云：一岁之中，晚间能望见明月，不过数次云。

二十日，晨，六时启行。在上封寺时，仍阴云四合，俯视山半，则已晴霁。恒言南岳有三天：自山麓至玉版桥为一天，自玉版桥至半山亭为一天，自半山亭至岳巅为一天，往往晴其下，雨其上，或晴其上，雨其下，洵不诬也，八时三刻，回至岳庙，具餐毕。十一时，复乘兜子为方广之游。出岳庙而西，过中镇桥，桥跨白龙潭上。再经玉清宫，过止观桥。桥后为安上峰，上有舜庙，下有舜溪，相传舜南巡时驻此。昨日所游者，为岳之正干，诸峰多雄伟峻极，烟云变幻。今所经者，乃其西南支干，类皆嵯峨耸秀，峰巅亦无烟云，与昨见者，别为一面目也。桥之前对月形山，山之左后有塔，只余五级，盖其上已圮也。五里，过黑神坳。有市集，名黑神市。复逾一涧，乱流而渡，涧宽数丈，两岸危崖，纡折十余里问土人皆不知其名，《志》称黄沙、黑沙、白沙三潭，从莲花峰下发源，潆洄下注者，盖即指此。过此西折，即为方广道。道在两峰之间，小而窄，崎岖难行，与涧水相并，或行其左，或绕其右，涧水为乱石所阻，轰声大作，愈上愈激，涧底纯为大石，有纵横十数丈者，或重叠如阶级，或横卧如牛背，水过其上，泐成鳞裂，可知此涧本山根石骨，年久为水所剥蚀者也。至福昌寺前，见潭水上源，自高下泻，为数节之瀑布飞流喷沫，如百丈白练，折为几叠，悬于山间。方广道中，极为幽邃，逾岭十数，山径逼仄，高低不平，或凿石为级，或填乱石，与土路相间，往往傍山崖而行，下临绝涧，群峦四匝，数十里无人烟。路愈转愈深，境逾幽绝，盖未至方广，令人已应接不暇矣。度分水坳，涧水分向东西流，其向西流者名石涧。是坳之脊，测其高为八百零十米，约合营造尺二千四百三十尺，亦甚高峻，惟在南岳，乃不见其高耳。自坳而下，为石涧发源处。涧水狭而深，丛树翳之，殆不可测。抵方广寺，已暮霭苍然，自岳庙至此，约行六十里矣。昨日所经之路，阔而有石级，惟须仰上而行，今日所经之路，较为低平，然狭小而多无阶级，其艰一也。寺居莲花峰之中心，八峰环之，如莲瓣然。旁有二贤祠祀朱晦庵、张南轩二先生，相传晦庵、南轩游岳，自山背上，首至方广，故祀之于此。方广在岳西北，地最幽深，游人到者甚少。寺在昔日甚有名，僧徒最众，今则仅屋三楹，僧一人而已。余等至石涧潭寺度宿。潭前道路歆仄，又有大森林蔽之。循石磴而上，仰首不见天日。涧水流于石罅中，不见水面，惟闻轰声，境之奇，尤胜于方广矣！寺屋黑暗污秽，供食尤粗粝，以风景之佳，亦遂忘之。

二十一日，晨九时，白石涧潭寺启行，午后三时，回三元宫。午膳毕，四时，乘兜子回衡山县，仍宿李氏家庙。

二十二日，晨，离衡山，赴衡阳。午后，四时半，至焉，留数日将行。乃于二十五日之晨，游回雁峰。出城不及里余，即至峰下，上有雁峰寺，峰不高，登其顶，数百步耳。旧传雁至此即回，或曰峰形如雁回旋，故名，要皆不足为据。独是南岳绵亘盘纡，如此广大，而独取衡阳城南一小山，称之为首，余颇疑焉！山之脉自首至足，究相聊与否，余既未获遍历诸岩谷，亦末由证明之。第就古人所云，则余之此游乃首尾毕具，较诸仅登祝峰者，差足自豪也！

河北游记

居庸关纪游

居庸关在顺天府昌平县西北三十余里，亦谓之军都关。为太行八陉之一，自古备边之厄塞也。关城凡三重：曰下关、中关、上关。崇墉峻壁，两山夹峙，一径中通，才可容轨。关门南北相距四十里，南曰南口城，北曰北口城。城在八达岭，形势之雄，诚所谓一夫当道，万夫莫御者。京张铁路通后，自京至南口，不及二时即至。铁道自关城之左，洞山而过，俯视关城，如在谷底，昔之所谓绝险者，今日则已成为遗迹矣！余于民国二年五月偕钟师宪鬯往游焉。

是日晨十时，出西直门乘十一时零二分京张汽车，过清河、沙河二镇。十二时二十七分，即抵南口。下车，寓井儿饭店，店系西式，每日房饭银五元，二人共一室九元。午膳毕，各雇兜子，每乘五元，舆夫四名，往游天寿山。明自成祖以下十三陵，皆在此山，而长陵工程为最大，即成祖之陵寝也。行一时半，至陵前大石坊，高六七丈，为长陵之正门。下舆步行，进大宫门，再进为大碑楼，楼后有狮、獬、虎、骆驼、象、骐麟、马各二对，一跪一立，均用白石琢成，镌刻甚精。后为翁仲，武四人，文六人，皆剑甲袍笏，相对而立。再进为大淹门，自大石坊至此，行十余里，始抵陵前。门者启锁，导余等入，自大门至正殿，中为甬道，两旁松柏等树，参天接荫。殿凡九楹，宏敞伟大。阶石悉镂龙文，殿柱皆楠木，四五人方可围抱之。殿后即长陵，享台矗立，墓道分左右，历级上升。余等从此绕登台顶明楼，中竖丰碑，曰"成祖文皇帝之陵"，高十数丈，字大径尺。长陵倚天寿山之主峰，四山环抱，中为极大平原，气象万千。较钟山太祖之陵，殆远过之。东为景德诸陵，西为献定诸陵，皆背倚层峦，环列如朝拱，惜时已晏，不能往游，天复降雨，急乘兜子而回。四望山巅，黑云如墨，雨势骤疾，山兜两侧无障蔽，衣服尽湿，兼以大风，寒澈肌骨，行至半路，雨止，抵客店，已六时半矣。

翌日，拟度居庸关，往游八达岭。晨二时，命舆夫驾兜子先往青龙桥车站。余等于五时二十分，乘南口货车启行。京张铁路，每晨于是时有货车开赴康庄，并不载客，余等每人出小洋三角借乘之。自南口至青龙桥，一路皆高山峻岭，上耸云霄，生居南方者，未见此宏壮山景，胸襟为之开豁。其峰峦攒簇复叠，或尖，或圆，或峭直，随处不同。万里长城，依山脊建筑，每隔三四十丈，则有一望楼，完好如新。铁道随山峡弯转，右傍绝壁，左临深涧，或凿石架轨，如行栈道，或洞穿山腹，如入地隧。车行轨上，地势渐高，据车守云："每三丈约高一尺。仰上峻阪，故行甚迟。"铁轨依山斜上，先折向东北，至青龙桥，再折向西北，如人字形。火车自南口开行，车头系于列车之尾，倒推而上，将及青龙桥，方折而改向，则车头在前，列车在后，而直趋西北，以逾八达岭矣。南口以上，凡过山洞三：一为居庸关山洞，深约三四里。一为五桂头山洞，约半里。一为石佛寺山洞，约里余。闻山洞共有四，余等仅经其三，其未经者，即八达岭山洞是也。此为本国人自建铁路之最有名者。观其地势之险，施工之巧，宜乎为中外人所称道不置矣。七时二十分，抵青龙桥。舆夫驾兜子在彼候已久，遂乘之。至八达岭之麓，余与钟师舍舆，循长城拾级而上，过望楼五，始登其巅。山风极大，步履颇艰，群岭环抱，虽至岭巅，亦不能远眺一切。岭上有北口城，倾颓过半。时已八时，舆夫促余等归，遂自巅下，乘兜子行，十时，至居庸上关。雄踞两山之间，城楼四层，城之中有云台，以巨石筑成，相传为元代所建。其式如巴黎之凯旋门，内外均刻佛像。台内嵌石刻，为汉、蒙、藏、回、女真五种文字，古雅可爱，以时促不及细阅。居庸关有官署，有捐局，市街亦颇热闹。十时半，自上关启行，北方之山，多无水泉，惟八达岭青龙桥以下，至居庸关，涧水自北南流，汇而为溪，潺潺之声，不绝于耳，所谓弹琴峡者即此。十二时，乘汽车回京。至西直门，不过一时三十分也。

西山纪游

西山在京师宛平县西三十里，为太行山之支阜。众山连接，著名者甚多，西山其总名也。自京汉、京张铁道通后，游西山者改乘火车，往返便利十倍。翠微山离京不及三十里，朝往可夕返。潭柘距京五十里，戒坛距京八十里，尤称绝胜，则虽有火

170

车，非在山中信宿，不能游焉。玉泉山在京师西北郭，策蹇驴半日可至，则无须火车也。乘京张支路车往者，则出西直门，至黄村下车，先游翠微而后潭柘、戒坛。乘京汉车往者，则出广安门至长辛店下车，先游戒坛、潭柘而后翠微。余于民国之初，供职教育部，居京二年，恒以余暇与师友二三放旷于山水间，凡两至翠微，一至潭柘、戒坛、玉泉。追忆游，以文记之。

　　元年十月二十七日晨，七时四十五分，偕钟师宪鬯、袁君观澜乘京张支路车，游翠微山。至黄村，各骑驴入山，抵灵光寺，寺后倚石壁，前有归来庵，为清端方所筑。颇清洁，庵前方池，凿石而成，引岩洞之泉入之。寺僧名圣安，余等嘱其备兜子，乘之登山，至大悲寺。略览一周，复上为龙王堂。适及山半，后有龙泉，自山洞出，泻入寺之西廊下，寺僧以竹承之，凿石为龙口。水自龙口出，入于方池，池中朱鱼数百尾，见人不惊。又于其上建一阁，曰卧游，登之可以望远。出龙王堂，至香界寺。规模甚宏大，为唐时古刹。本名平坡，清乾隆时始改今名。再上至翠之巅，有宝珠洞，在观音岩后。四壁幽深，扪之若湿，洞石累累如珠，故名。至此已十一时半，余等出干粮分食之，以当午餐。食毕，从山之东下，登狮子窝。下有精舍十数楹，依山构宇，亘以长廊。廊中画《聊斋志异》图，颇有意趣。地非寺观，人非僧侣，实为内监所管理，客至得随意游览，仆人具茶享客。余与观澜，直造山巅，下山过涧，渡石桥，迤逦至卢师山之秘魔崖，证果寺在焉。寺僧名宽广，道余等游览。直至崖下，坐石磴稍憩。崖横出数丈，岩腹空洞，可容数十人。下为卢师像，外塑二童子侍其旁，相传隋末有卢师至此，伏二青龙为二童子，故名。是山与翠微相对，不如翠微之高，而秘魔崖之奇特，则过之。三时，回王村。乘四时二十分晚车而归。半载在京，尘俗鞅掌，今日入山，顿觉心神清旷！山中树木葱郁，浓绿之中，杂以红叶，晚秋景物，飒爽撩人。山农用二马，或三马，相并耕田，多已种麦，麦苗之出土者三四寸，盖北方刈高粱后种麦，犹南方刈稻后种麦也。

二年六月一日，休沐之辰，钟师袁公约往游玉泉、碧云、卧佛三处。七时，出西直门，至海淀。时方九时，在市数小饮，食面饼以当午餐。各雇一驴，望玉泉山迤逦而行，一鞭得得，风景至佳。行五六里，即闻水声淙淙，自山泻入昆明湖。至玉泉寺门，有人导入游览，过石桥，拾级而上，至龙王庙有石碑一，题四大字：曰"玉泉趵突"。泉白山根涌出，以勺取一杯饮之，清冽异常。山石上刻曰"天下第一泉"，清乾隆帝所书也。泉汇为一池，池面水泡喷涌如沸，当午尤甚，故名趵突，盖水底物质化合，发为炭酸气而上出，日光烈时，化合益盛也。拾级登山，至华严寺，甚庄严，惜已破坏，再上至伏魔洞，有方亭一，再上为玉峰塔影，有高塔一，为玉泉最高处。从山后下出寺门，方十二时，骑驴赴香山，山中寺宇，以碧云、卧佛为最有名。行五六里，至碧云寺。门前有狮二，雕刻之精，世鲜其匹，碧云所为以狮名也。过石桥，历一佛殿，两旁偶像，绘塑甚工，惜皆倾圮。至大殿旁，有方丈及客室，陈设颇精，盖备游客寄宿者。殿后为金刚宝塔座，白石为基，座凡三层，上列石龛，顶建七塔，塔凡十三级，建筑雕刻，均极精妙。俯视玉峰塔影，已出其下。自宝塔座而下，至方丈稍憩。寺僧复导观罗汉殿，有罗汉像五百尊，为明代古物。以檀香木为身，黄金为外饰，完好如新。明代阉宦，如于经、魏忠贤辈，均于寺后营生圹焉。既出，复赴卧佛寺，遥见山巅到处有碉堡，为清乾隆时用兵征金川，健锐营在此练习攻守者，约行三里至焉。寺前有五色琉璃坊，进坊为驰道，长里许，古柏夹道。进山门后，有一石桥，桥下有池，中畜金鱼千尾，大者长七八寸，以所携饼饵，分裂投之，群聚争食，泼剌有声。正殿之后有卧佛，长丈六尺，范铜为之，盖般涅槃相也。正殿两旁有东西院，基督教青年会赁之为夏令会友聚集之地。余等以时将暮，未及遍览。出寺骑驴归，绕玉泉山而行，至海淀，易车归家，已昏黑矣。余以西山之最胜处，为潭柘及戒坛，仅至翠微，未足以尽西山之景物也。乃于是年九月六日，复约钟师袁公往游焉。午后一时，仍乘京张支路车赴王村，至灵光寺。因时已暮，宿于寺之归来庵。是夕，寺僧出山看野菜供客。晚间，新月一钩，为翠微峰半掩，夜景苍茫，各坐庵前荷池边纳凉。十时后安卧，秋虫之声，唧唧入耳，尘俗襟怀，为之涤尽！

　　明晨五时即起，六时早餐毕，各乘兜子离灵光寺赴潭柘。途中两次渡浑河。浑河即古之桑乾，今名永定河，源出边外，流过西山间，为两山所束，水声湍激，闻于数里。渡河之舟，为长方形，舟首竖一圆木，空其中，贯以轴，两岸立木架，架以铁缆，横过河面，舟人手转圆木，缘铁缆转之，舟即前行，达于彼岸，并不用篙，殆因河底皆沙，用篙不便欤。一路所过村落，乡民男妇，正刈黍稷及玉蜀黍，堆积场上，妇女或磨玉蜀黍为粉，即北俗所呼为榢子面者。过罗睺岭（俗称西峰）势甚陡峻，乱石为路，颇觉难行。至十二时，约行五十里，始抵潭柘寺。寺在罗睺岭平原村，距京西北九十里。燕人谚曰："先有潭柘，后有幽州。"其寺之古可知！峰巅有龙潭寺，前多柘树，故名。清代改名岫云寺。寺中殿宇，金碧辉煌，颇为壮丽，凿石作沟，上承龙潭之水，淙淙下注不绝，故入潭柘者，墙壁阶砌间，殆无往而不闻泉声。余等在寺午餐毕，寺僧导观各处，正殿中有大青、小青二蛇神，以龛供之。相传出入无常，闻钟声即至，乃谛视之，大青龛中，不见有物，小青龛中，则一蛇蜿蜒，长一二尺，粗如大指，安知非寺僧捕一蛇畜之，故神其说以炫人者！又观殿旁之帝王树，在清乾隆帝题额，大略言康熙帝时，树为一株，至乾隆时，复生一株，后两树合抱，以为瑞应，其实即银杏树耳。银杏之生，往往多干，后即合抱，其生理本如是，而寺僧则讹为每一帝即位，此树即生一株，后必合抱，其传述之荒诞，更甚于乾隆帝之题额矣！殿后有毗罗阁，阁之东有舍利塔，塔为西藏式，最高为观音殿。殿中有元代妙严公主之拜砖，公主元世祖女，削发此寺，日就是砖顶礼于大士前，砖厚三四寸，长方形，四周有花边，尚完好。惟中间两足痕处，砖已磨穿，可知其拜跪之久矣。殿旁有倚松斋，斋前有巨松。斋下为猗玕亭，亭内铺石，凿石成槽，屈曲为龙首形。由亭畔石沟引潭水灌之，水流入曲槽，浮以酒杯，杯随水流，名曰流觞曲水，虽雕凿甚工，然刻画亦太过矣！三时后，乘兜子赴戒坛寺，仍过罗睺岭。从狮子岩盘旋取道，凡十八转，皆乱石为磴，登降之险，更甚于前。至五时后，行二十里，始抵万寿寺，寺在马鞍山高处，建于唐武德年间，至明正统间，改名万寿，戒坛即在寺之北，白石为之，凡三级，四面皆列戒神。每岁四月八日，集僧众听戒于此坛。又有毗卢千佛阁，阁两层，登阁望浑河，水势浩浩，极目无际，盖是时正值河水泛溢，漂没田庐也。阁前有古松，以卧龙松为最奇，根可合抱，横卧侧出石栏外，其枝盘曲如龙。又有所谓活动松者，相传动其一枝，则全树皆动，清乾隆帝题诗刻石其旁，惜此松已毁于火，不得见。阁之东，又有白松九干，互相纠结，势如游龙，故潭柘以泉名，戒坛乃以松名。是日宿于寺，寺僧招待殷勤，供具极丰。

明晨六时，盥漱朝餐毕，寺僧导观各处，余等复登山，历览岩壑之胜，闻寺后有太古、观音、化阳、庞涓、孙膑五洞，以归时局促，未及往。九时半，骑驴赴长辛店。午后一时，乘京汉铁路车返京。此次同游者，钟师袁公外，尚有胡绥之、伍仲文、严练如、汤爱理、汪波止诸君。

妙峰山纪游

京师之西有西山，自昔称为胜地。其距城近者名八大处，一日可以往返，故游者多集焉。实则八大处者，入山至浅，不足以概西山之胜。自此西南行，入山稍深，则有戒坛、潭柘，泉石之奇，远非八大处可及！而往返须二日程，游者略少矣，然不若妙峰之奇也！妙峰在京师西北，其前为旸台山，春日桃杏开时，则数十里以内，弥望皆桃林、杏林。海堂开时，则遍山皆海棠。玫瑰开时，则遍山皆玫瑰。花香闻数十里！秋日则遍山皆红叶，其胜景如此，然往返须三日程，则游者益少。余于民国八年四月六日，清明节，以植树之便，偕徐君森玉等十余人往游焉，正杏花盛开时也。是日，出西直门，乘人力车行十五里，至海甸，八里至青龙桥，折至德家花园，稍憩，既而随部中同人，赴薛家山行种树礼毕，骑驴度红山口，十二里至黑龙潭，潭在画眉山，有龙神庙。水自山来，至庙后潴而为潭，周以石栏，直径可三丈，其水清冽，余等在此，取水瀹茗，以涤烦襟。又行八里，至温泉，有浴室二，其中凿石为方池，引泉注之，可以入浴。泉之温度，较低于汤山。温泉周围之土壤，皆出白碱，远望如铺雪。又四里，至秀峰寺，寺在旸台山麓，距京师六十余里。明太监高让与沙门智深所创建也。石壁巉岩，环拥于后，左右双涧，绕流于前，境甚幽寂！徐君森玉，偕其友合赁此寺为别墅，余即舍于此。徐君命庖人治膳享客。膳毕，出寺西南行，赴大觉寺，自青龙桥至秀峰，一路柳绿杏红，樱花怒放，至此则杏林尤密，烂漫数十里，山上山下，皆锦绣也。行三里，至大觉寺。寺为辽时所建，原名清水院，明宣德时，易今名。山半有泉下注如垂绅。至寺后潴而为潭，以石栏之，清可见底，清水院之所以名也。潭前有塔，高三丈余，以铁为顶，址为八角形。清世宗以僧性音，参学有得，命住持大觉寺，及圆寂后，命其徒建塔于此，殆即此塔也。塔各有领要亭，左有旸台山清水院《藏经记》碑文，为辽咸雍四年僧志延所撰，久已没于荆榛，徐君出资，雇工复立之。余等在此坐石听泉，流连不忍去。寺中又有玉兰两株，高可四五丈，干硕花大。殿前有龙爪槐，屈曲旁生，皆不多见之物也。天晚，出寺，由原路回秀峰。

七日晨，五时即起；八时，乘山舆登旸台山，四里至金寺。殿宇甚新，有精室数楹，客至可宿。殿前大银杏二株，丛干挺立，高十余丈。寺外有泉，水声淙淙，有粤人设金山汽水总公司于此。利用此以为水源。寺之前后，亦多杏林，然尚含苞未放。高下相差四里，气候已不同矣。又行八里，至玉仙台爪打石，有茶棚，夏历四月初一日，庙会时，赴妙峰进香者，在此饮茶休息。爪打石，乃俗名，不知何所取义也！又八里，至庙儿洼，是为旸台山顶。以高度计测之，得九百九十釈。加以京师海拔，平均三十七个半釈，约合营造尺三千尺以上。虽然，洼左尚有山巅，是日狂风吹人欲倒，未能上。合山巅及京师海拔计之，此山之高，当可三千尺矣。洼后皆玫瑰花田，此时尚未开，居民有此田者，每岁获利甚丰云。自庙儿洼下山八里，至渐沟。自此上升妙峰山，二里为松岭，到处古松成林，殊形诡状，皆高数十丈，几百年前物也。八里，至妙峰山顶，高兴与旸台相若。有灵感宫，供天仙圣母碧霞元君。其下有法雨寺，内供观世音菩萨。西有东岳庙。此峰特然秀出，石纹奇丽，登顶眺望，层峦重叠，皆在足底。晴明之日，居庸关八达岭之远，亦可寓目，西山之胜，于此乃见之矣。自妙峰再西二十余里，更有西大梁滴水岩之胜，若宿于妙峰，则可往返，而同游者多欲回宿秀峰。余只得从众，留俟异日再游。灵感宫道人出黍粥麦饼享客。食毕稍憩，即由原路下山，至大云寺。寺亦辽时所建。寺旁有山洞，洞前有短瀑。坐瀑前石上，听松声水声，翛然意远。自寺下山，至朝阳院。院后有塔，高二十余丈，为明万历年建。殿前凿石作圆寿字形，引泉注之，以为流觞曲水。又有古松一株，夭矫侧出如龙，奇异可爱。出寺回秀峰，夕阳尚在山也。

八日晨五时起，七时骑驴赴大工。山路高下不平，颇艰于行。八里过大觉寺塔院，又八里至大工。大工者，本玄同寺遗址，明阉刘璟在此营生圹，大兴工程，未毕而败，故土人称为大工。今有塔，高七级，下层镌"玄同宝塔"四字，上署大明崇祯某岁春月穀旦，下署司礼掌篆古苏复初道人高时明题。盖即刘璟之墓也。其前隧道，深及数里。此地杏林，较他处尤密，观杏林者必至此。自大工回，经小工，其地亦有七级宝塔，苍松如盖，两旁挺立，疏落有致。又经大觉寺后沟，有两山南北对峙，怪石突兀，作黝黑色，俗名为北龙脉及南龙脉。因忆清水院之胜，乃复至大觉寺。倚树听泉，且合摄一影，以为纪念。日午，回秀峰，饭罢休息。二时半，偕徐君等乘山舆赴三家店。路过浑河，河底皆沙，河之西岸，则绿树成林，数十里不绝。行三十里，至三家店。其地市街繁盛居民富饶。七时登汽车，八时至西直门。与徐君订后游西大梁滴水岩之约，把别回家。

滴水岩纪游

西山之滴水岩，称为奇境，今春游妙峰山时，本拟一探其胜，因同游者多不愿而止。迩者林君宰平（志钧）乘双十节休假，邀余偕游，而陈君字琴（銮），则又同时邀游西峪寺，余以林之约在先，辞陈君。而陈君以滴水岩道险难往，不易得伴侣，西峪寺则随时可去，乃改从余行。陈林二君又各约其友，于是日之晨，会集北京西直门京门车站。

民国八年十月十日，晴。晨五时起，盥洗毕，六时，赴京门枝路车站，陈林诸君，陆续皆至，七时开车，八时，抵三家店。下车，陈君预于昨日遣人至灵光寺雇兜子，在车站等候。同游者八人，皆未游过滴水岩，余细揣地势，及翻昔人游记，则岩在妙峰山之西南，且低于妙峰，若先往滴水岩，必较妙峰为近，又其地荒凉不便住宿，则宜游毕回宿妙峰，诸君皆韪余议。乃问舆人，则均不识路，中有略知方向者，遂乘舆指西南行，过三家店镇后，镇颇繁盛，居民栉比。至浑河边，对岸望见石景山。河至此分为二，一广一狭，中渚为洲，名小河子村，皆架桥通之，桥桩以巨石卵，填积河底，高出水面五六尺，以藤范之，左右分立河中，每隔丈余，置两桩，上铺木筏，以便往来，颇为稳同，先度小桥，过小河子村，复度大桥。河面约阔数十丈，水流迅激。登岸前进，道上有石栏，上镌"妙峰山正路"五字。复西，为琉璃茶棚，红墙碧瓦，栋宇焕然，盖新建筑者也。由此以上，径路窄小不平，两旁山石，多见煤层。行于沟中，水深尺余，舆人择水浅处行，泥泞没踝，约三四里，折而南行，登山，即为大道。惟皆块石填成，略无阶级，约半里，又得土路，宽广而平。忽见两旁峰峦攒簇，中通一径，石纹秀美，引人瞻瞩，讯诸土人，山名灰山，地名灰窑，盖因产石灰得名。然以如此山而被此称，可谓山之不幸也，折而西北，傍浑河岸行，至龙泉坞、乘小舟渡河，为陈家庄，庄中居民百余家。过庄北行，为两北涧茶棚由此登仰山岭，俗呼十八盘。盘顶名孟常岭，有灵聚寺，以测高器测之，约一百四十三粆，加以京师平均海拔三十七个半粆，合营造尺约五百二十尺。自顶而下，名下八盘。再西行，山多峭壁，名曰阴山。石层横叠而中空，有泉自隙流出，盘旋激石出声。吾友冯君稷冢（农）会游此，题"圣水"二字于壁。西北循山麓夹壁中行，有村临谷口，名曰桃源。树木苍郁，秋色迎人，居户数十，老幼怡然，洵不愧为世外仙境。村前孤峰耸立，其半有山洞八，为昔人避兵处，今则多巨蛇穴其中，秋收后出觅食，并不害人。土人以为神云。自三家店至桃园，为妙峰山进香之南路。妙峰山之碧霞元君庙，香火极盛。夏历四月庙会，京南京北之人皆云集。登山有四路，除南路外，自沙河来者为老北路，自庙儿洼来者为中北路，自萝白地来者，则中路也。至此日已晌午，乃各取干糒作餐。餐毕北行，得一涧，阔寻丈，水声潺潺，溅石而过，涧边多飞鸟，色灰青带白，尾长尺余，美丽可爱，或云名山喜鹊。逾涧，至南中村，入樱桃沟，斯为向滴水岩之蹊径矣。沟分南北，无水，底皆乱石。循其南行，又分西北，循其西行，地势较高，两面皆峭壁，只有一口可入，不能舆骑，即黄牛冈口也。余等皆攀援徒步而上，十余里无人烟。愈升愈陡，愈转愈深，如行狭巷中，而山峰之秀美，则百出其奇，或连翻四五峰，皆若披锦，或怪石迎面突起，如斧削成，或圆而高耸，或卓立如笔，令人应接不暇！转十八叠，冈尽崖见，则滴水岩也。遥望万绿丛中，红墙黄瓦，殿阁悬空，则岩下梅花山天泉寺也。喜极而奔，历石级数十，至寺，已午后二时半矣。计三家店至此，约四十余里。寺在岩之下，梅花山之顶。背崖而建，有殿三楹，中供达摩祖师，右为观音，左为地藏。东西皆有旧屋两间，与殿毗连，无僧人，有马姓娣弟二人，在此看守，云为妙峰山所管辖。《图书集成·山川典》，以滴水岩归入房山范围，属房山县，以今考之，其山之形状，确类上方，而其境界，明明隶于大宛也。殿东有方亭，亭悬一钟，倚亭栏，可以远望，万山层叠，斯岩隐其中，非好奇者莫能至，又何怪舆人之皆不识途耶！余等在亭，饮水稍憩，即至殿后，观滴水岩，岩为千仞绝壁，环东西北三面，如张两腋，其顶前出如覆额，其下为洞，深广约三四丈，洞上石层有罅隙，水渗石面，滴沥而下，如檐漏然，以巨石缸盛之，溢则自山涧下流，夏时水大，上千百滴，则下有千百声，冬时严寒，上滴不已，下滴则成冰柱，至为奇观。洞内新建一殿，中供四十八臂观音像。殿旁石壁，题咏甚多，吾友冯君亦题诗数首于此。殿东尚有小洞，深广不及丈余，亦有水下滴，以较滴水岩，具体而微矣。在此以测高器测之，得四百九十三粆，加以京师平均三十七个半粆，约合营造尺一千六百尺。然此乃梅花山顶之高。非滴水岩之高，因岩为悬崖，不可升也。观毕，由原路下，至寺东锤古洞，燃炬以入，深广可数十丈，洞壁皆石钟乳，或似莲花，或似象鼻，有一石床，面坳而长，据云每年有龙见其上，床后有垂石，水自上滴如雨，其下有潭，深不可测，龙所蛰也。洞中复有洗眼池，一大一小，水甚清冽。循洞左壁而出，三时半，离寺，赴妙峰山。由山脊折而东北行，半里许，两山之间，得一涧，阔处及丈，水自高泻下，声闻数里。循涧曲折上行，有岭当前。舍涧登岭，路窄而迂，然风景绝胜，既上复下坡，既下复上坡，始至妙峰山之西寺。过寺，亦见一小涧，水激石面，如短瀑布，遥望妙峰，松柏成林，浓绿如滴，枫叶未霜，色皆金黄，而乌桕则已红如噀血，偶有数株，点缀其间，山上山下，数十里若披锦也。转东湾至灵官殿，已达山麓。由殿东拾级而登，至灵感宫，已六时余，天色甫昏黑，仆夫先运行李至此，整备晚膳，稍休即进食。食毕散步廊下，则见新月一轮，现于庙儿洼顶，其大如盆，颜色深红，下半没于云雾中，少焉上升，则天青月朗，万山皆明，同人徘徊玩赏，虽冷不忍入室也。九时后睡，夜半既醒，独披衣出外玩月半小时，一岁之中，此景何可多得也！

十一日，阴，晨五时起，八时，拟赴西大梁，西大梁者，即妙峰西面之高峰。并无寺庙，惟形势雄壮，兼可远眺十三陵，故有名。今因天阴云雾，不能望远，遂不往。即下山遵今春来游之原路，过涧沟，翻旸台山顶，至庙儿洼。稍憩，俯视四山云合，蒸腾上升，凝为细雨。自洼下，行于云雾中，至金仙寺，已十二时矣。寺为明成化前所建，清道光时重修。殿之西，有精室十余楹，庭中杂植花木，颜色之美，胜于城市所见者。时天大雨，即拟留宿于此。午餐毕，冒雨出游近旁寺观，先至福顺寺，亦名响塘庙，在消灾山之麓。进门有戏台，台前有池，如偃月形，又进为前殿，祀关帝，正殿祀观音，后殿祀吕祖。最后则为菜圃，种菜数畦。其右有瓜棚，瓜壶大如瓮，累累下垂。仰视消灾山，树木深蔚，自顶及麓，愈低愈密。圃之后有方池，上架以桥，后有龙王庙。池中金鱼数百，投以馒头碎块，以木榜击之，则全池之鱼，毕集争食。今寺系咸丰九年，五太监因致礼妙峰山，羡此处山水之胜，因建伽蓝，为暇日休沐，及年老退隐之所。今寺主任君朗山，亦清室寺人。年已七十，声若洪钟，善谈论，余等在此稍坐，即别出，往游大觉寺。旸台山麓寺观，惟大觉为佛家丛林。余如金仙寺、福顺寺、普照寺、朝阳院，皆清代太监所造，故所祀之神，释道杂糅，并祀昭烈、关帝，盖取结义兄弟之意。太监无子嗣，老年退隐，情味自然近于僧侣耳！二时，至大觉寺，略览一周而出，往寺后观老龙脉，雨甚遄返。经普照寺，爱其风景，乃冒雨入览，寺在大觉之北，相距不及半里，明永乐时创造，今亦太监家庙。寺周以短墙，墙外树荫茂密，进门有桥有池，正殿祀药师琉璃光王佛。殿右为住宅，左为客厅，皆陈设精洁。厅北有花园，培植名卉。园之西北，凭山麓建一土台，有马尾松一株，古干虬枝，扶疏四出，如张巨盖，周围以木架之，涂以丹，碧叶红栏，辉映生色，其下可容数十人，因设石几石凳，夏日于此乘凉至佳。地势既高，东西南三面，皆豁然无障蔽，晴明之日，则十三陵及汤山，一望可了然也。游毕出寺，雨益甚，回金仙寺，已五时半矣。是日虽御雨衣，犹湿襟袖，可谓淋漓尽致，饥寒交迫，晚餐较平时为甘。半夜起大风。屋瓦皆震。

十二日，晴，晨，七时起，金仙寺之东山角上，建一方亭，可以望远，因往一览，则十三陵隐隐可辨。寺中住持觉祥，曾捐通县淑贞女子国民学校经费三千元。教育部给以二等金色奖章，僧人有此，亦难能可贵者也。九时，往观金山汽水公司工厂，现已停止，略观滤水、装水、装气、压气、装瓶，各机而出。复西北行数十武，至朝阳院。院后山麓有平台，稍坐远眺，砀台山各寺，皆北对天寿山，故多筑台，以便远眺，此院创于明季，重兴于前清，亦太监家庙也。十时，跨驴往七爷坟。七爷坟者，清德宗生父醇亲王奕𬇙之陵寝也。以其行七，故俗以七爷呼之。坟地为金代香水院遗址，章宗所建八院之一，后改法云寺。至清德宗时，始改为醇亲王陵寝，距金仙寺约十八里。陵前有守卫营房，寝门高丈余，丹垩甚新，前有碑亭，后有流泉，分两支，绕陵而出，松柏成林，兼植槐榆，坐树荫下，俯听流泉，极幽静之趣。寝旁有大银杏树，可五六围，俗称帝王树者，清孝景皇后命人锯为数段，倒卧于地，意使王气不复萌蘖，此树何不幸生帝王家耶！十一时，赴北安河村，在此休息。余与林君等，取道海甸归，陈君等则取道三家店，乘火车，各自分别而行。二时十分，至温泉，泉在石窝村，入内啜茗，略坐即行。三时三刻，至黑龙潭，入内流连稍久，自黑龙潭行，多系山路，经过山口三，其最后者，即红山口，新筑平路，可通汽车。山口右壁，有人以白垩画两马，相对而立，远望之，酷似真马。五时，至颐和园宫门。六时半，至海甸。乘人力车回西直门，分别归家，已八时矣。夫滴水岩在西山，可称奇特，然僻在万山中，游踪稀少，今之游者，恒取道妙峰山，虽须翻岭，而道较易行，故妙峰山之舆夫，皆习知滴水岩也。然宜预宿妙峰，以破晓往，日晡归，必多一日淹留。而阴山、桃园、南中、黄牛冈，一路山水风景，亦莫得领略矣。故好奇者，必从三家店或门头沟，往则滴水岩之妙处，可一览无余。自门头沟往者，当北经大小将军峡，而逾十八盘。此吾友冯君所由之路至十八盘，则与三家店前往之路合矣。余并详记之，后之游者。可以自择焉。

盘山纪游

盘山在直隶蓟县（旧蓟州）西北二十五里，距京师百八十里。其山峻削，盘而登之，故名盘山。又三国时田畴所盘桓，故名田盘山。民国八年夏五月，友人陈君绳武（绍祖）约同往游，并邀胡君文澜（景伊）、冯稷家（农）稷雨（涛）昆季偕行。将行之前，适天雨，余以游山宜约定即行，若因他故改期，必至中辍，陈君亦毅然决行，虽风雨不更，而预定行期，为十日之晨，届时天忽放晴，道无飞尘，游兴倍佳。是日晨五时半，皆会于京汉东车站。六时十分，乘京通枝路车启行。七时至通县（旧通州）东关下车。凡赴盘山者，不宜在南关宝通寺下车，须至东关，则雇车较便。此次同游者诸君，皆能健步，不畏艰险，多不愿乘骡车而喜骑驴。先乘渡船过北运河，即雇驴，驴背仅覆以布袋，无踏蹬，初乘颇不适，稍久亦习之。渡箭秆河，河面约宽十余丈，以芦秆束泥，填成平堤，阔三四丈，以通行人车马，其下则不通舟楫，土人即呼为芦秆河。二十里，至燕郊镇。又二十里，至夏店镇。时十一时三刻也。在此稍息，以干粮作午餐。一时半，过鲍丘河。复行三十里，至三河县。在城外树阴稍憩，因时尚早，复行。逾泃河，二十里，至岭上镇。其岭名段家岭，为三河与蓟县交界处，过此镇则蓟县境矣。凡乘骡车者，恒至三河县度宿，今骑驴，故多行二十里。是夕，宿于永兴店。店房尚清洁，饭菜亦可口。晚十时睡，夜半，驴鸣犬吠，扰人清梦。

十一日晴，晨五时半起身，七时骑驴行。乘骡车必取大道过邦均镇。由岭上镇至邦均二十里，由邦均至盘山四十里。余等骑驴，则可取小径，不绕邦均，直至山麓，可近二十里。十一时到盘山东麓营房村。问诸土人，知已越过天成寺，今若折回，尚须多走十余里。盖天成寺在山上，驴夫不肯驱驴上山，乃借口不识路径，欲就此中止。余等不许，强之乃行，由山之中口入，经莲花庵。自庵而上，皆系石磴崎岖难行，舍骑而步，两旁山石奇伟，摩崖甚多。有大石，上镌"入胜"二字，下署仲华书，是为盘山之口，名曰石门。石上镌"石门桥道"四字，此道清光绪己卯年重修。依涧曲折，筑成石道，或东或西，皆架桥通之。桥畔有"鸣驺入谷"四字，乃乾隆御书。再上至天成寺，寺在翠屏峰

下，为唐时所建。有古佛舍利塔、飞帛涧涓涓泉之胜。住持名法
波，仅师徒二人。寺中房屋精洁，肴馔亦美。午膳毕，因有半日
余暇，拟在旁近游览。相约出寺东行，隔涧望见滴水濑，在翠屏
之东，系短瀑布，现无水，而石壁水纹宛然。行二里，至西甘
涧，怪石奇松，形状诡异，多生于石鳞，石为裂开，其根蟠屈。
下入于地，涧旁有西甘涧庙，已颓废。庙左即涧之上源，小桥
跨其上，桥畔有奇松。复东行，攀藤附葛，登南山头，立危石远
望，山脉平行，如波浪然。复下往东甘涧，涧上有石突出，其端
扁圆，如蟒蛇头，名曰蟒石。涧北有北山坡，坡有裂鳞如洞，洞
内有石门，苔藓斑驳，厥状如云。涧之东山上，有天井石，石长
七八丈，底圆面平，上有二洼，恒有积水，溢则下滴，故名。傍
晚回天成寺，盘山之甘涧有三，青沟为上甘涧，其下隔一小山，
分水为二，东曰东甘涧，西曰西甘涧，其下流盖均入沟河也。是
夕，宿天成寺。

　　十二日阴雨。晨六时起，七时放晴，昨日托寺僧雇兜子，
因雨未来，稍待之。先往寺后游览，有殿在翠屏之麓，殿西有舍
利宝塔。塔十三级，为定光如来浮屠。明神宗时，有禅师如芳，
发愿重兴此塔，刺血写经七载，汇成六部。感动人士集资重修，
甫发一级，有铁塔玉瓶，贮舍利二千余颗，再发一级，则有石
盒，贮诸佛异相。比时观者如堵，放五采光亘天云。塔惟第一级
可登，然无阶级。余与同人，自其后攀而登。有佛盒，门高丈
余，内供定光古佛像。既下，至殿后涓涓泉，泉眼有二，甚深。
水青碧色，绕出寺之东，下流入西甘涧。石壁上镌"涓涓泉"三
字，下署丁巳初春汪仁溥题。由殿右望翠屏西峰，苍松黝石，秀

色迎人。舍利塔之西，有善蛇洞，相传即彻公和尚塔门。昔人因其倾圮，欲迁他处，甫发塔，白蛇无数，自内出，遂不敢动云。洞右即为飞帛涧，源自翠屏峰，六七月间，水流下注，状若飞帛，故以为名。盘桓既久，而兜子不至，决计步行登山，遂于十时先进午膳，十一时，各人皆藜杖布韈，裹干粮，由寺东行，登欢喜岭之十盘道。《志》称盘山有三盘，晾甲石为下盘，古中盘为中盘，自来峰为上盘，以地势考之，则此十盘道，殆已入中盘界矣。怪石甚多，或如笋列，或如堆垛，所谓中盘以石胜也。行近万松寺，路旁有两石，相并如门，一松生于石罅，不见其根，呼为石门松。五里，至万松寺，寺前有太平禅寺宝塔。寺旁墙上，有"京东第一山"五字，下署陈国瑞题，万松寺殆即昔之卫公庵也。自寺西升山顶，有舞剑台。遂往观之，山无阶级，凿石径为磴，狭处仅容半足，势复陡绝，攀援而上，一里余，至其巅，大石矗立，如象如马，其上平坦，相传为唐李靖学剑处，石顶面上镌大字曰"李靖舞剑台"，旁署唐李从简曾游，字径约八寸。从台上望双峰寺，两峰如髻，寺在其下。以测高器测台之高度，得四百四十米突，合营造尺一千二百尺。从台后小径下，路益险，多乱草，滑不受履。侧身斜行下山，过涧，再登一坡，至法藏寺。寺一名茶子庵。明成化年建，今毁。殿左有盘龙松，蟠屈臃肿，其枝四面侧出，《志》云："盘山古松，此为第一。"寺前有法船石，由寺下，复上坡，望挂月峰而行，道旁有巨石突起，益觉怪伟。八里，至桃源洞，洞深丈余，不甚高，内供观音大士像。洞顶大石上，一松特立，平如张盖，名平顶松。洞旁有将军石，自洞再上为摩天石，自此登为十八盘，已入上盘界矣。

盘尽，大石上有脚印，相传为铁拐李之足迹；此处松林益密，所谓上盘以松胜也。再上为云罩寺，自天成至此十八里，寺在自来峰下，东傍挂月峰，为唐道宗大师建，旧名降龙庵。明万历间，敕赐今名。挂月峰乃盘山绝顶，山石赭黄。间以红墙，苔藓亦作殷色，远望若云锦。论全山风景，亦以此为最矣！寺亦荒凉，仅有僧二人，住持名测能。入寺稍憩，从寺后登挂月峰顶。高六百六十䄂，加以京师平均出海度，当在营造尺二千尺以上矣。顶有定光佛舍利塔，塔门前镌一对曰："峻极于天，下临无地。"相传除夕有佛灯之异。塔前有弥勒殿，内供弥勒佛像。同游之人，在此合摄一影，以作纪念。冯君稷家善书，在此摩崖题壁。从挂月峰下，复登自来峰。峰一名北台，高于平地一千七百尺。有黄龙祖师庵，即所谓黄龙殿也。殿前松上，悬一钟，口径约四尺，钟钮陷入松皮，可知年代之久。盘山多松，各寺恒就松树为钟篯，既省费，又省地，可谓便利。时已日暮，不能流连，即回云罩寺进面食，匆匆而下。复翻过分水岭，经拙庵和尚墓，盘谷寺废址在其西。下岭，复经东西甘涧，循昨日原路而回，已八时十分矣。此行绕盘山之北，登挂月峰绝顶，复绕山之东南而回，凡到一处，必探幽陟险，穷人迹之所不至，故往返约行四五十里，可谓畅快矣！晚餐后，明月出，同人复在寺前松石间坐谈，至十时归寝。

十三日晴，清晨起，兜子至。八时，乘兜子赴上方寺，出天成寺东行，仍遵昨日之路，登分水岭，至拙庵和尚墓，稍憩，俗呼进士墓，但云有进士在盘谷寺出家，葬于此。因往墓西山谷中，探盘谷寺遗址，其地三面环山，前有一沟，沿沟而下，半里，有巨石横卧，两山夹持之，名清凉石。其石底圆面平，长六七丈，镌"文殊智地"四字，石下即文殊洞也。复自洞折回至废寺，殿基旁忽见一碑，卧榛莽中，额曰："盘山青沟禅院碑记。"朱彝尊篆，宋荦撰文，史夔书，摩挲读之，乃知盘谷寺即青沟禅院，院为拙庵和尚所建。其前之沟，即清沟。所谓上甘涧进士墓，即拙庵和尚墓也。拙庵，名智朴，徐州人，有道力，为曹洞宗，尤工诗，清康熙时来此山。先是，青沟之名，不见记载为虎豹巢穴，自智朴来结庵，方称胜构。康熙帝有赐智朴诗，一时名流，如王士祯、朱彝尊，皆与往还。朴撰《盘山志》十卷，精核简当，其任校订之责者，即王、朱二公也寺西有石乳泉。观览毕，复上坡，至拙庵和尚墓，心致敬礼。墓前飨殿已圮，墓石尚完好，为圆柱形，覆以四角方石亭，下为墓门，其前数十武，两旁大石，天然峙立如门，即大小将军石。墓之西北谷中，可俯视古中盘寺。寺后小山，山中大石棋布，有石三块，叠成如工字形。自此东北上，过南天门，两峰对立，其北正对挂月峰，峰下摩天石，一望瞭然。从天门口，向南俯视，可见少林寺。过紫盖峰下，峰居山之中央，故一名中台。望见挂月峰之南，有一山头，酷似弥勒佛，头目宛然，俗呼大肚弥勒佛峰。其腹部生一小松，颇似脐眼。从山坡下回望，益觉真切。下坡，山畔有大石，正方形，三面突出，每面镌一字，曰："大方广。"方字最大，直径约一丈余。自大方广石后左转，道旁有喝断石，石裂为两段，俗称为张飞喝断者，乃附会之词。在此望对面峭壁，如斧劈开，名天门开。左壁高处，有大石，四无依傍，仰视欲堕，如悬空中，名悬空石。到此即上方寺矣。天门开为盘山奇险，开处有

径，崭绝无阶级，石齿巉巉，仅可容趾。自来只有戚继光、袁宏
道，曾引索登之，余等同无此预备，一时兴发，而冯君稷雨，年
少锐敏，鼓勇先登，余与稷家继之，手攀乱石，胸贴峭壁，蛇行
而上。稷雨偶挫，堕下数尺，攀树获免，遂及半中止。余之头适
与稷雨之足相接，稷家又在余下，徐徐转身向前，或立或坐，摄
成一影，影中人小，仅及分耳！自天门开下，至上方寺休息。取
干粮作午餐。寺为唐道宗大师所建，后有巉峣峰，削立挺秀，峰
后小石，俗名小儿望巉峣，下有二洞：在上者名滴水洞，在下者
名流水洞。出寺下山，倒坐兜子，向东南行，道旁有方石，镌
"仙台"二字，旁署明嘉靖己酉都御史彭泽书。即仙台石也。一
路涧水潺湲不绝，乱石遏之。洞愈低，声愈大。至少林寺，寺在
紫盖峰下，旧名法兴寺，元至正时建。寺东有红龙池，为昔时祈
雨处。池长方形，在石壁下，右壁镌"红龙池"三隶字，字径尺
余，前有大定七年八月廿日八字，下署带川隶。左壁镌一飞龙，
染红色，尾向上首向下，若腾跃水面者。进少林寺，寺已颓废，
周围风景则甚佳。寺东山上，有多宝佛塔，其西有华严洞。须登
山里余，方得观之，乃大石三块，相架而成。洞门上镌"华严
洞"三字。自洞后下山，路之难行亦同，再由曲径北上，转折幽
深，泉石树皆胜。有寺在半山，是为古中盘寺，惜亦荒废。前在
岭上俯视古中盘，乃其背，今则在其前面也。古中盘之下，少林
寺之上，尚有废寺，亦在紫盖峰下，名中盘寺。因其只有破屋数
椽，未往，仍回少林寺，稍坐即行。从此而下，泉声益大，山上
有石突出，为斜方形，其罅有一椭圆小石，翘起似蛇首，亦名蟒
石，与东甘涧之蟒石，一俯一仰，各尽其致。距蟒石不远，又有

菱角石，斜方形陡立，酷似菱形，颇可观。过桥为响涧，水与矶石相激，鸣声彻昼夜不绝。石壁上镌"响涧"二字，清同治十一年李江书。盖上方寺左右之山涧，紫盖峰之泉，少林寺旁之红龙池，皆汇流于此，倾泻而下，直至晾甲石出山，所为下盘以泉胜也。晾甲石以下平地，为盘山之东口。惟此石为前清乾隆行官圈入，觅之不得。乃自宫后破墙内入观之，石在响涧下流，水流石上，石作白色。有三巨石，横亘阻水，水多洶石而过，如小瀑布。其上复有大石兀立，即晾甲石。相传唐太宗东征时，三军晾甲于此。晾甲之东，即名盘泉。沿行宫墙外南行，至宫门。其内构造，与万寿山三海相似，以非天然风景，且为时已晏，故不入。六时后回寺。是夜月色甚明，与冯氏昆季，出寺步月，至石门桥，坐桥栏，静听泉声，仰看松月，诚所谓"明月松间照，清泉石上流"也！

十四晴，晨八时起，准备回京。自天成寺下山，仍骑驴，遵来时原路，向西行。午后一时，至岭上镇。今所乘之驴，性极顽劣，将至镇时，忽向歧路飞奔，控勒不住，驴夫猛力拉回，倔强不应，忽后蹄乱跳，余急抚驴夫之肩跳下，而驴夫先已倒地，余随之跌，适在驴腹之下，驴翻身滚地，将压余身，急从斜刺跳出，仅右颐及肤，擦破少许，幸未受伤，然骑驴之经验，则更进矣。仍至永兴店，午餐后，稍休息，同人有劝余改乘骡车者，余笑谢之。三时，易驴再行，五时后至三河县，住城中三元客店。为时尚早，出外散步，城甚小，街市亦萧条。自东门至西门，不过二里余耳。

十五日晴，晨六时，即骑驴起行，八时半，至夏店镇。市街

蒋维乔
自述

繁盛，远过于三河县城。此时正在演戏，乡村男女，群集观剧，以大车架芦蓬，权作观台，四乡来车，无虑数十辆，车辕骈列如半环，皆对向舞台，后至之车，则不得列入，故皆争先恐后，乡镇风俗，可见一斑！九时复行，午后一时半，至通县。天起大风，泥沙扑面，去时雨，回时风，雨师洒道，风伯则扬尘矣。时火车尚未至，在待车室候之，四时登车，五时十分开行，六时至正阳门，与同游诸公把别回家。

大房山纪游

大房山在京兆房山县西二十五里，相近有小房山，故称大房以别之。其山绵亘数十里，随地立名，最著者曰上方山、石经山。今之游人，亦恒至此二处。余既与冯大稷家（农）、冯三稷雨（涛）游盘山毕，因有再游房山之约。乃于民国八年五月三十一日，约会在正阳门京汉车站。是晨七时，车开行，八时五十分，抵良乡县之疏璃河。下车，逾轨而北，有天泰客栈，在此雇驴，各乘驴向西北行，过犒牛河，至琉璃镇，镇尚繁盛。再西北过李庄，至东营，休息，时十时半也。复行，过小磁窝，至天开山，路即不平，皆系乱石，盖凿山石所成者，群山环抱，曲折幽深，居民屋上结茅，以石片作瓦，石块筑墙。行三十里，至孤山口，是为上方入口处。再行十余里，经下中院、上中院，而至接待庵，已午后二时矣。上方山之丛林，名兜率寺，环寺有七十二庵，僧众均属一家。此接待庵在山下，专为招待游客者，与方丈止蓬，知客宝珠谈，据云："各庵苦行僧人，每年皆向兜率寺岭口粮，一人铜子二十吊，米一石二斗，现在口粮不敷，故

192

供养之僧，仅有三十余人。"在此午餐毕，四时，从庵后升兜率寺，两壁峭削，中通一径，石磴狭而曲折，看似无路，一转又是一境。过天王洞，登筏汉岭，岭不高而陡绝，俗讹为发汗岭，言至此者必发汗云。自岭而下，再登山，得一平台，名欢喜台。登岭甚艰，至此平处，可以休息，因生欢喜，故以名台。台之四周，奇峰环之，自台而上，则为云梯，就石凿磴，约二百级，两旁铁绠，长及百尺，四大曲，四小曲，依山盘旋而上，高入云天，云梯庵在焉。当天雨时，庵下为雨，庵上为云，甚为可观。行五里，至兜率寺门。门前有桥，名款龙桥，有亭，名所见亭。康熙丙辰仲春建，下署智眼募造。其上有瓣香庵，西有延寿庵，东有药师殿，皆七十二庵之一也。自瓣香庵而上，过塔院庵，再上有红桥庵。庵面临东涧，流水有声，以桥通之，桥为红栏，故曰红桥，惜无人住。五里，至兜率寺，寺在锦绣峰下，居上方之中央。知客宝林，出而招待，住于殿旁东院中。山名上方，以其高也，寺名兜率。取上方六欲天第四天宫之名也。各庵皆在兜率门内，错落于悬崖间，环拱此寺。出寺一览，可以了了。宝林和尚曾在红螺山讲经，通《楞严》《法华》，与之谈，颇能贯串。晚八时，进小米粥，九时后睡。

六月一日，阴，晨五时后起，拟赴云水洞。七时出寺，同游者皆竹杖布鞋，向西而行，经文殊殿，度听梵桥。桥跨西沟之上，此山有东西二沟：在东者为东沟，西者为西沟。至兜率寺门前款龙桥，始合流，过地藏殿。山石层叠峭上，突兀怪伟，莫可名状，其罅多生柏树，石磴高下不平，而柏树则夹道成行。且玩且走，不觉其艰。在兜率寺望摘星坨，高耸天半，至此则巍然在望，如平地特起者，盖已抵岮之后面矣。岮之东，有一岩独立于群山中央，四无所倚，大石垛叠，根窄顶阔，黝黑奇秀，名天柱岩。岮之南有三峰连接，若向岮拱揖者。自此再上，石层壁立，益觉怪异，上坡下坡，忽高忽低。八里至摘星岮，其下有弥勒庵。庵后可上岮，岮之形下削上陡，斩绝不易登，疑无路可通，问寺中引路者，亦有难色。余与冯氏昆仲，鼓勇先登，过朝阳洞，至一陡壁下，仰望岮顶，尚在半空，始知此陡壁，乃小摘星岮也。因诘问引路者，则云摘星岮虽有路可上，然须折回，尤艰于行。余等问曰："汝能行否？"答："能。"则云："汝既能，余等何独不能。"乃令之前行，未及半，石壁悬绝，乃舍杖，徒手攀树，以胸贴壁，效猿猱之升，路旁遍生荆棘，两手被刺流血，亦不之顾。升陡壁十余尺，乃得石级。未几，又遇陡壁，如是四五次，方得至绝顶。顶有摘星庵，庵东南向，已仅剩废基。以高度计测顶之高度，得五百五十秾，加以京师平均海拔三十七个半秾，不过合营造尺一千七百六十余尺。惟其险阻，故登者绝少，此即上方山最高处矣。从顶回望房山外之天开山，周围环绕如宫墙，仅有孤山一口，正如大门，房山包含于中。正如重闺绣闼，自天开山外望之，不可得见，此其所以名房欤！自岮下坡后，复上坡，再上再下，无虑十数次，方至云水洞，洞口有大悲庵，其左右有云水峰。余等在庵稍休，取干粮作午餐。洞中黑暗，各人皆持电石灯，又令庵人持炬引路。十一时半，进洞游览，洞门高可丈余，洞壁皆石钟乳，右壁就石镌西方接引佛。至此再入，即漆黑无光，昔人有就洞之曲折，分为十三洞者。今之庵人，则恒分为九洞。余细察洞中，扼束形势，当以自如和尚

《上方山志》所分四进而适当。洞中景物，约有百余，皆石钟乳结成，所定物名，皆一一逼肖。今就其最奇者述之。由第一进入，路渐窄，仅容一人，初尚低头可过，后渐屈身，最后则匍匐蛇行，肘膝着地，肩背摩石，数十武，忽由卑而高，旷然如大厦，内有卧虎山、马峰窝、云彩山、半悬山之胜。以炬烛之，皆洁白之石，质如冰雪。卧虎则一一蹲伏壁间，酷似真虎。马峰窝则如蜂窝之攒簇，云彩山则白云朵朵，涌现空中，半悬山则大石矗立，一半凌空，有孔上通，然爆竹置其中，可发大声，名曰通天池。一半上与洞石接，名曰上天梯，第二进尤窄，名为油篓门，亦须蛇行而入，然较第一进为短。其中奇异景物则最多，曰长眉祖师，独立岩畔，修眉下垂。曰狮子望莲，山石片片，如莲花瓣，对面一狮，仰首望之，曰钟鼓楼，巍然高耸，石多中空，左右叩之，或钟声，或鼓声，或磬声、木鱼声，声声逼真。曰云锣，叩之则铿铿然。曰石筝，则石乳削长，垂下数尺，密若栉齿，拨之则铮铮然。曰白龙潭，则深不可测。曰仙人桥，则略彴难行。曰观音说法台，则崇台层起，菩萨高坐其上，仰瞻不见其顶。对面即南海落伽山也。曰玲珑塔，大可数围，层层而上，其半折断倒地者，则塔倒三节，及塔倒二节也。曰象驼宝瓶，则石象背负一瓶，虽人工雕刻，亦不过是。曰净水瓶，则石壁中嵌一瓶，似类人工所为，以手扪之，乃天然石乳也。此外芍药山，则满山朵朵芍药，葡萄山则满山颗颗葡萄，灵芝山则满山灵芝，牡丹花山则满山牡丹，以及石心、石肝、石肺、石肠、帽盒山、米山、盐山、随举一名，无不皆肖。第三进为一窦，口窄如井，深丈余，仅容一人。后人足蹑前人之背，如履扶梯，俯伏而下，及半，则翻身向前，足方履地，故名鹞子翻身。既进，复极空阔，见一大山，层峦重叠，名千层万层山。白石圆绽如棉花者，名棉花山。石纹丝丝如面者，名白面山。更有佛拳头、牛心、牛肺、石蘑菇等名。至此则水气蒸腾，滴沥而下，衣服泾润，石滑不受履矣。四进为南天门，石壁下离上合而尖，门旁有一石，长二尺余，酷似耳，名有耳无象。须弥山绵亘甚长：将军柱、通天柱，特然而起。石猴山，则大小猴儿若跳跃，金鱼山则数百尾金鱼若游泳。更有石龟、石瓜、酱山、姜山等，到此处处水滴如雨。直穷洞底，则为十八罗汉，圆石矗立，如罗汉形，修短敧正，状貌各异。其上有石幡石幢、宝盖，从顶悬垂，庄严似道场。余等三人，立于罗汉之间，用电光照相，摄一影。洞底尚有门，水滴益密，其下亦多水，自来好奇者，至此恒不能入。庵人云："即勉强再进数里，亦无奇景可观。"乃自此而返。此洞之深，约三四里，所经之路，则六七里。在洞中虽仅三小时，然已若长夜漫漫，昏黑不晓者。将出洞时，偶见射入天光，晃耀眼目，几不能开眼，惊喜之情，恍如隔世！洞内气候阴森，至洞外则大热，同游者皆衣服泥污，手足涂炭，余预着外衣一件，出洞脱之，俨若开矿工人，工毕而易衣也。仍在大悲庵饮水休息。三时后，由原路迤逦而回，至兜率寺，为时尚早，乃不入。再由寺南行，约五里，至华严洞。洞虽不大，然亦石钟乳所成。内有莲池、鹦鹉、舍利等形，一一酷肖。若移至他山，则必著名，今为云水洞所掩矣。僧人就洞口建楼，名华严楼。住持一山，颇能阅经典。与之略谈，即回寺，已六时矣。复流览本寺一周，至殿后最高处大钟楼，登眺久之，回院休息，洗浴更衣。

　　六月二日晨，五时起，六时后出寺，先向西行，至毗卢庵，在毗卢顶下。庵西有大松，高数十丈，房山柏多松少，偶见一株，异常可爱。过听梵桥，西北上坡，至普陀崖下观音殿。殿前有小桥，亦横跨西沟之上，桥左亦有二大松，此皆昨日路过，未及细览者也。自此下坡，复回兜率寺，由寺东侧门出，沿东沟行，隔沟望见观音洞，洞深六七丈，内在天然观音石像，在象王峰阴岩石之下。自此登山，两旁山石，巉岩层叠，作黝黄色绿树茂密，旭日照之，如一线天。未几，至胜泉庵，庵已颓废。其后倚千仞陡壁，翠柏生其罅，盖即峭壁峰也。又至一斗泉，泉旁有庵，亦已废。此泉在象王峰腰，其上多大石钟乳，乳端滴水，汇成一穴，以杖度之，约深四五尺。相传昔有毒龙，盘踞此山，东汉时华严慧晟禅师驱龙开山，龙去时，竭山泉以行，华严祖师以锡杖掷之，令留水，仅得一笠，泻而成泉，故名。自象王峰西下，路极险仄，乱石塞途，荆棘刺肤，或细草帖地，滑跶不能著足，乃攀藤扶葛以行，屡下屡上，至旱龙潭。潭口与底，皆形圆而小，中腹则颇膨大，深十余丈，潭壁石层作黑色，下有钟乳，底皆为泥，夏日大雨，水虽骤满，顷刻即干，故曰旱龙，相传即毒龙所居也。自潭向西南而下，过普贤殿，殿踞象王峰之鼻。再逾东沟，至红桥庵旁小坐，自此出兜率门下山，山环水曲，古树奇石，各极其妙，一步一回顾，有徘徊不忍去之意！至云梯庵，有峭壁作凹形。夏雨时，款龙桥下之水，自壁倾泻而下，有似龙湫，俗呼为流水湖，意义不合，因名之曰云漱。再下仍回接待庵午餐。餐后休息，三时一刻，乘兜子赴西峪寺。七时后至下庄，见一大溪，遥望石经山，卓立如笔，溪水即自此山流下，到处有泉穴，至下庄而水势极大，两岸白杨，行列整齐，间以杂树。树影溪声，俨若西湖之九溪十八涧，令人心清目爽！北方之山，雄壮少水，此则山明水秀，与他处迥然不同，可谓痛快矣。八时半，至西峪寺，自上方至此，四十余里。若从间道，逾鸡脚岭，则不过二十五里。惟山路难行，只能步不能舆骑耳。寺中尚有德国敌侨收容于此，内务部之保安队，戎装守门，清净之境，变为禁署，殊令山灵减色！九时半，始进晚餐。方丈知客等，亦全仿官场仪式，迭来拜会，作无益之谈，令人厌倦。十一时，始得安睡。

六月三日晴，晨六时起，七时三刻，出寺东行，八时至石经山。山色秀逸，望之如画图，奇石斧削，松生其隙，疏落有致，山巅石屋长廊，山半石亭翼然，大类庭园，比诸上方，又别是一境矣。昔北齐南岳慧思大师，虑东土藏教毁灭，发愿刻石藏，闷封岩洞中，其徒静琬法师，承师付嘱，始着手刻经。自隋大业迄唐贞观大涅槃经始成，历唐至明，代有增修，故名石经山。今亦称小西天。山顶有雷音洞，就洞筑堂，高丈余，深九步，奥之横亦九步，其外阔十三丈，如箕形，有几案炉瓶之属，皆石为之。三向之壁，皆嵌以石刻佛经，东北壁为全部《法华经》，西壁为杂编，共有百四十八块，故又名石经堂。堂中供奉三宝，四隅有白石柱，柱八角形，各雕佛像，每面两行，每行十六佛，数之得一千零二十四佛，皆为小圆光，而庄严以金碧，故又名千佛洞。堂前石扉八扇，可启闭。外有露台，纵仅八尺，横与堂称，三面为石栏。其下有八角石亭，堂之左有石洞二，右有石洞三，堂下复有洞二，其内皆藏经版，层累相承。洞顶涂石灰，使燥而不湿，洞口以石楗闭之，自楗隙可窥见经版，有完整者，亦有破损者，所刻字迹，多隋、唐体。所刻之经，自隋至金，前后纳于洞中者，凡七百余石，有石幢记其目甚悉。今洞上下之石楗，似皆略有破损，据闻某国人曾用药炸毁，窃取经版，有保存古物之责者，不可不注意及之！洞北有石池、石井，池广七尺，井深浅不一，此山共有九井十八洞云，自此登云居东峰，有云居上寺废基，其前石塔尚完好。塔方形，以石为之，高九级。塔旁有唐金仙公主碑。自塔登绝顶，有巨石，后广前锐，平出于虚空者数尺，名曝经台。在此以高度计测之，得三百三十粎，加以京师平均海拔，不过一千一百余尺耳。对面云居南峰，亦有小方塔。盖山有五顶，号五台。金仙公主各筑白石小塔于其上，今存其二也。游毕，下山，山半有半山庵，已圮，仅余废基。其旁有数块大石，纹横色绀，名张果老骑驴石。山下有东西峪，就地建东西云居寺，今东峪寺已废，仅存西峪。至前清时，改称两域云居禅林，即余等驻足处也。十二时，回寺午餐。在本寺略流览，规模宏大，有殿三所，依山建筑，其西有罗汉塔，东有压经塔，闻石经藏版，半在石洞，半在塔下云。午后二时，往探石经山之水源，出寺东行，过古刹香树庵。二里余，至水头，即溪水发源处。两岸石罅，皆涌清泉，溪底处处有趵突泉穴，掬而饮之，味甘洌异常。余与冯大恣意弄泉，临流濯足。冯三本学海军，善泅水，乃择水深处，脱衣游泳，如凫如鸥，升沉自在，乐甚！距水头里余，有水头村庄。居民凿沟通水，引入庭园，取之至便。三时，有雷声，乃回寺，即大雨。洗浴更衣。傍晚，雨止天晴，余等出寺，沿溪散步，绿树阴浓，蝉鸣不绝，水流石上，激越作声，流连不忍去。未几，又有余雨，急趋回寺。

六月四日晴，晨六时半，整备行李，仍骑驴起程回京，八时至下庄，访拓碑人王大义，购唐碑数纸，即跨驴行。道经顺承郡王墓，进内一览，即出。又过六间房、盐村、北务、韩子河、西董起新各村镇。至李庄，即与来时赴上方之道合，再前即琉璃河矣。时午后一时也。至车站旁和兴居待车，饮水，取干粮作餐。天又起大风，尘沙扑面，与盘山归时无异。三时四十八分，火车开行，六时三十一分到，七时归家。此行得摄影数十纸，云水洞中之电光照相片，尤为自来所未有，将与盘山各片，同付珂罗版。友人或问余曰："房山与盘山，二者究孰优？"余答曰："京东盘山，京西房山，二者派别不同，各极其妙，实无优劣可分也。盘山四无依傍，轩豁呈露，房山聊属不断，不入其门，不见上方之奇伟，其不同一也。盘山秀润，其胜在松、石、泉，令人生优美之感，房山雄奇，其胜在蛇、在洞，令人起壮美之感。而西峪之溪流，又与盘山之泉，景物各别，其不同二也。"冯大之言曰："譬之书法，盘山篆书也，结构圆，用笔圆，乃至无处不见其圆，房山魏碑也，结构方，用笔方，乃至无处不见其方。"嗟乎，斯言良得之矣！

山东游记

泰山纪游

泰山在山东泰安县北五里，古称东岳。昔之往返京、津、江、淮间者，遵陆行，道必过此。然交通不便，耗时费日，故游者鲜至。今自津浦铁道通后，由浦口至泰安，快车一日可至，由天津至泰安，则一夕可至，便利甚矣。余以民国二年五月，因事自京返沪，复自沪返京，泰山之游，梦想者多年，而乘火车过鲁境，遥瞻岱宗，岩岩在上，可望不可即，则游兴益勃勃。庄君百俞，游山之旧侣也，因邀与偕往，君欣然就道。以五月三日之夜半抵泰安，雇人力车赴济泰旅馆。夜色苍茫，四境寂然，明星将落，残月如钩，只车声轧轧，与犬吠相应和。行二三里，抵馆门，而天已破晓矣。和衣假寐，六时即起。旅馆为雇兜子二乘，每乘钱二千文，二人分乘之登山。自山麓迤逦而行，至岱宗坊，是为登岱之始，地势渐高。行四里，经一天门，为入盘道之始。其北有一石坊，曰孔子登临处。又北有悬崖，丹书于壁，曰红门。红门之北为万仙楼，中祀王母，配以列仙。又有斗母宫，即古之龙泉观，以龙泉水得名。再上为经石峪，其地广平可数亩，上刻八分书《金刚经》，字大如斗。再上至山半回马岭，盖言至此马不能登也。石磴盘曲，依峭壁凿成，由高俯视，心惴惴焉。舆夫缓步蛇行，两峰之间，有涧水下流，声潺潺然。古柏夹道，盘纡如虬龙。再上至二天门，地忽平坦，约三里，行者快之，故名快活三。又北为御帐坪，始复陡峭，磴道益险，行益艰，坪畔石罅，有瀑喷出，为涧水之源，镌四大字，曰"江河元脉"：前有石梁，屈曲数折，绕以朱栏，奇险之中，忽遘是胜地。乃在栏畔，坐观久之方去。再上见五大夫松，为秦始皇避雨处。今松仅余其三，后人所植，非古时物也。于是从小天门而上，两山壁立，中惟一径可通，即所谓十八盘者。石级鳞次，峭削处，两旁以铁缒挽之。攀登之人，后者见前者之踵，前者见后者之顶，踵顶相属，如蚁附墙，莫不懔然震恐，舆夫一亦一喘。从此仰视南天门，如穴中窥天。及盘尽，抵南天门，则又豁然开旷，俯视下方，茫茫大地，渺无际涯，浩乎若凌虚而登仙也！徂徕如蒜，黄河如带。行人如豆，殆极宇宙之大观矣！于是停舆，购鸡卵挂面，以当午餐。餐毕，复升绝顶，曰太平顶。庙祀玉皇，故俗称玉皇顶，为泰山极高处。有数巨石，矗起土中，是为岳巅。有登封台，为古帝王封禅处，秦皇帝碑在焉，世但称曰无字碑。碧霞宫在玉皇顶下，金碧辉煌颇壮丽。宫之东为东岳庙，庙后有唐玄宗记《泰山铭》，世谓之《摩崖碑》，高数十丈，为玄宗御制八分书，字迹劲秀无比。登顶，东望日观峰，令人开拓胸襟，俯视一切。本拟在山顶度宿，待平明观日出，以行期迫促，未能久留。乃于午后一时，乘舆下山。舆夫行走极迅，不如登山时之艰难。出南天门，下十八盘，乘势直趋，绝不少留。偶一注视，如身在百尺云梯，凌空下落，令人目眩，不敢复瞬，顷刻间已至御帐坪矣。泰山自麓至顶四十余里，石磴六七百余级。舆夫登山，行四小时方至顶，下山则仅二小时耳。是时正值香市，男妇老幼登山进香者不绝：一路所至，皆为乞丐，构茅屋，以乱石为墙，沿路索钱，庙中道士，以竹杖击地，催香客投钱，怪状百出。余等来此，舆夫亦以为香客，时时絮语，谓来此必买纸锭进香，可获福佑，笑而却之。下山后，游岱庙。泰山有上中下三庙，今中庙惟存遗址，上庙亦隘陋，惟此下庙，乃巍然宏大。庙之四周有城，崇墉高楼，俱称结构。中为配天门，进为仁安门。有老树交荫，枝干结盘，夹于两阶者，即汉柏也。有露台，台上有巨石耸立，曰扶桑，有古柏北向曰孤忠。东西两廊壁间，绘岳神出巡状，毫发生动，极鬼斧神工之妙。又进为峻极殿，祀泰山之神，历朝秩祀，皆在于是，宋元以后，典礼允盛。后为寝宫，祀东岳夫人。庙之东西，殿宇尚多，不及遍览。日已西匿，乃乘兜子而归。闻泰山之胜，在后石坞、黄华洞。昔人谓游泰山，不游黄华，不如不游。余以急于返京，故行期至促，登山以一日毕事。微特不能至后石坞，并亦未能一观日出也。然则此游实聊胜于无耳。山灵有知，当为后日之约云。

是时余尚未得测高器，未能测泰山高度，二十二年夏，张君伯岸登泰山，嘱伊测之，其报告如下：

玉皇顶	一千四百二十公尺。
南天门	一千三百公尺。
开山石	一千公尺。
五大夫松	八百六十公尺。

中天门	七百公尺。
柏桐	五百公尺。

曲阜纪游

余以民国二年五月，与庄君百俞，同游泰岱，自津浦铁道北
上，必经曲阜，乃谒孔庙、孔林。顾曲阜车站，离城十八里，地
极荒凉，左右无一人家。火车必以深夜经此，不能入城宿，客至
殊不便。余等得友人之助，介绍于站长高君润增，始得借一席地
以宿焉。闻津浦铁道方兴工时，本拟近城筑站。而衍圣公不许，
必使距离孔林绝远方可：故今站筑于此。天明，雇骡车，与百俞
共乘之。所经之地，悉为荒凉。泗水横于前，岸滨皆黄沙，水亦
黄色，深可没腰，渡无舟楫，男子褰裳徒涉，女子则坐于岸边，
出钱数枚，有人背负之而过，余等则坐车中，车夫驱骡涉水以
济。古人所云："深则厉，浅则揭。"又子产以乘舆济人者，至
此乃仿佛遇之。历两小时，进曲阜县北门，谒孔庙。有人引导，
持钥启各殿宇，大成殿九楹，中供孔子像，与外间流传者不同。
像前陈设者，有俎三，祭时置牛羊豕者。俎之前设五尊，曰太
尊、牺尊、醴尊、象尊、山尊。孔子之两旁，为四配及十二子。
大成殿后为寝殿，设至圣夫人亓官氏神位。最后为圣迹殿，石刻
孔子事迹百二十幅。大成殿西为金丝堂，杂陈古乐器数十，其后
为启圣王殿，设叔梁纥像，后为启圣王寝殿。设启圣夫人颜徵
在神位。大成殿东为诗礼堂，堂后有孔宅故井。旁为鲁恭王坏宅
处，有残壁屹峙，题曰鲁壁。后为崇圣殿，祀孔子五世之祖。崇
圣殿外有唐槐、宋柏。然观其树，不似数百年前物。大成殿前有

杏坛，坛前二杏，亦后人所植者。其旁又有孔子手植桧，根巨干小，色黑如铁。盖历经枯荄而然。奎文阁在大成殿之前，凡楼三层，高过于大成殿，旧为庋藏图书之地，今书已无矣。衍圣公府在庙之东偏，孔子之车服礼器，皆藏府中。余等以时促未及往。出孔庙，至市楼午膳毕。乃往谒颜子庙略览即出。乘车出北门，谒孔林。孔林离城约二三里，背泗面洙，门外为洙水桥。自此绕以墙垣，周围约四十余里，林门前有大石坊，上镌"万古长春"四字。左右守林人聚族而居，皆孔姓也。入林门，甬道甚长，两旁古柏夹之。柏树之干，盘曲如虬龙。进神门为享殿五间。循殿侧，历楷亭、驻跸亭，而至林前。有碑曰大成至圣文宣王墓。墓前立石为祠坛，厚三尺，方如之。旁有子贡庐墓处。墓之南有子贡手植楷树，已毁于火，其旁即楷亭也。林内外古树森森，无虑数千万株，大率桧柏为多，相传孔氏弟子，各以其故乡之树木，移植孔林，故种类至夥。多不能辨其名云。

劳山纪游

劳山周围百余里，距青岛市七十里，亦名牢山。顾亭林序黄侍御《劳山志》有云："秦始皇登此山，是必万人除道，一郡供张，四民废业，千里驿骚，于是齐人苦之，而名曰劳山也。"此言推原命名之意，比较得当。余于丁巳、壬戌、乙丑曾三至青岛，两次因船停不久，仅游全市。壬戌本拟登劳山，至观川台，土人传述山上有匪，亦未克游，心向往之久矣！癸酉之夏，乃约张君伯岸同游，而徐君培基，则自潍县来，约会于青岛。自沪至青，往返十日，游罢归来，记之如下。

七月二十五日，晴，晨五时起，六时半，赴实学通艺馆。七时，张君伯岸雇汽车偕往虹口招商北站，登普安轮船。九时开行。一路无风浪，海风吹来，甚凉爽。余在舱面。饱吸空气，并尽日观毕《劳山志》八卷。《志》为明黄侍御宗昌所编。侍御系东林党，有节概，此志中多有寄慨之语。若论志书体裁，则殊欠翔实，不甚合也。晚间有雨，风浪较大，海中起雾，轮缓缓行，时时放气，以资警戒。九时即睡。

二十六日，晴，晨五时起，气候甚凉，易夹衣，即至舱面行深呼吸。是日阅毕丁仲祜所著《肺病易愈法》。午后三时，抵青岛。伯岸之熟友东莱银行经理顾君逸农，明华银行经理张君绸伯，均在岸迎接。乃以行李交中国旅行社，而至利民饭店住宿。未几，顾君来，谈移时，导致东莱银行参观。今夕此间银行各行长，在青岛咖啡馆，欢迎上海来此商界要人，邀伯岸及余作来宾，余素性习静，不喜参加此等形式宴会，谢之。顾君亦不强，偕伯岸去。余独回饭店，预定游劳山日程。徐君培基及其弟裕基，于午后六时，自潍县赶到，决定明日一同赴山。余与徐君昆仲，偕往海滨栈桥观海。夜潮拍岸，凉爽如南方之秋天。栈桥者，逊清时甲午中日之战，我海军覆败，后李鸿章改就胶州湾，为海军根据地，故筑此桥，为海舰碇泊之所。名为桥，实一伸入海中之码头，德人占据后，更用木接续建造，长至三百五十米，今市政府又斥资二十万，用水泥续建，并于堤端筑一亭，正对青岛，登此望海，最为爽豁，遂成青岛第一风景。回时购罐头食物。九时半洗浴，十时睡。

二十七日，晴，晨五时起，徐君培基昆仲已来。进点心毕，即乘汽车离青岛市，向西北行三十里，至李村。又三十里，至九水。九水发源于劳山顶之巨峰。因柳树台之分水岭，分为北九水、南九水。北流较大，南流较小，此即南流者，通称则略云九水也。屈曲成涧，涧上有别墅，题曰观川台，石壁镌七律二首，为洪述祖手笔，今为日本妓所有，开设敷岛旅馆。昔洪氏为宋案匿居于此，欧战后青岛入日本之手。凡房屋地契交割，皆须在日领署注册，迨青岛交还中国时，洪已被戮，日总领事某眷一妓，遂倒填年月，伪造洪氏生前将此屋售与日妓之契据，在署注册，乃归此妓所有，述祖之子洪深，曾到此清理此公案，卒不能胜诉也。台后山峦层迭，石皆斜方形，间以绿树，有倪云林画意。沿涧行数转，过一石桥，曰弹月桥。再东北行十里至板房。停车，余与伯岸换乘肩舆，每乘规定每日价洋四元。伯岸鉴于去夏华山之游，步行甚苦，要余同乘，培基兄弟，则因到处作写景画，非步行不可。上坡过竹窝村，丛竹稠密，下临清流。五里，到柳树台。先至劳山大饭店，店中经理栾君心圃，本胶济铁路职员，在此经营饭店（此地本德国大饭店及提督别署原址，日本攻青岛时，德人自行焚毁，栾君刻苦经营已三年，劳山之阴，惟此为中国自营之饭店，余皆外人所设也）。栾君为人，精干而有思想，为余等规定游山日程。余本拟先登劳山之顶，栾云。"今日有雾，山上必雨，登临既不便，即强登亦不能望远。"乃决先游靛缸湾、北九水、骆驼头三处。余嘱店中，预备野外午餐四分，制好后即出门。向东北循观劳石屋大路而行，道旁有德国兵营，皆残破无人迹，亦德人自行焚毁者。二里许，至观劳石屋村。再折而东南行，林木蓊蔚，上蔽日光，涧水声喧，愈上愈大，逾涧中乱石曲折践流而过，石皆圆滑，或蹲或立，大者如象，小者如巨卵，奔流循石罅急转，或垂直若带，或回漩如池。五里，至双石屋村，峰头有二石如屋，故名。涧中木石夹立，奔流到此，已成短瀑，长不过五尺余，故呼为小瀑布。乡人支竹席于树阴下，设茶亭，坐而观瀑，胸襟为爽！自双石屋以上，石罅中短瀑，随处皆有，左右逾涧，虽仍履石而过，而涧之两旁，新筑石磴，或高或下，皆甚整齐。五里，至石门峡。两旁有险峻之岩，对峙如门，中间巨石横卧，急湍乘之，如是者两重，故又称崖门。土人以其严肃可畏，讹为衙门，称前者曰大堂，后者曰二堂。崖尽处即鱼鳞口。再里许，至靛缸湾。有瀑三节，可十余尺，此即劳顶巨峰之水，自两岩之凹处，奔泻而下，名为鱼鳞瀑，汇而成半圆形之潭，作深碧色故土名靛缸湾。自柳树台至此十五里。番禺叶恭绰于对面摩崖，刻"潮音瀑"三字。此瀑最大，合以下小瀑，流至保合桥，汇而为溪，则称北九水。其下流为白沙河。青岛市与即墨县之交界也。市工务局于瀑之对面崖上，新建石亭，尚未完工，登亭望之，则瀑之全身可见，其第一节最细，第二节较大，泐石成坎，自坎倒泻。第三节为最阔，而土人则于潭旁架木为亭，设茶座，时已午，余等即在此出携来午膳食之，且食且观，乐乃无极。忽有蒙蒙微雨，食毕，即止。一时，遵原路折回，至双石屋。向西北行，约三里，至北九水庙，自靛缸湾至此十里。庙在北九水之西，一老道居之。余乃往庙侧之小学校，见有男女学生六七人。教师为刘君绍杨，即墨人也。据云："系初级小学，学生三十人，不收学费，但收书籍费，不放暑假，惟减少教授时间，而放麦假秋假，麦假两周，秋假三周。经费每年四百五十六元。附设民众学校，每晚讲授二时，每月经费十二元。"自此折回，至河西村，过段子岭。向西，路皆乱石，陂陀不平，乃下舆步行，攀石过涧，约半里，突见高峰斜锐侧出，如头仰空，即所谓骆驼头也。石纹却奇突，然不过一险峻之峰峦耳，无足奇。自北九水至此，五里。斯时又雨，在岩下避之，再折回，过河西村，向北行，而至北九水。水自劳顶合诸峰之水，至此汇成大溪，岸周巨石，或横或立，老树成荫，两岸有茶亭多处，隐约林中，疏落有致，溪上本有保安桥，为水所毁。今架石通之，度桥向西南行，回至柳树台。因登台远望，台高四百四十公尺，四围槐树枫树独多，而无柳树。舆人云："柳树台，乃下面之村名也。"今日往来计行四十五里。四时，回劳山饭店盥洗啜茗。九时洗浴后，夜间大雷雨，声震瓦屋。

二十八日晨，七时起，以大雾漫山，恐未能出游，略为观望，舆人来，则云可行。遂于八时半出发，仍循观劳石屋北行，折西南至北九水，则与昨日所见大不同。溪水之大，已将石梁淹没。舆人赤足，再以两人左右扶舆过梁，水尚没及半身，急湍之声，远及数里。既而又渡一涧，至双石屋村，昨日所见之小瀑，已大至数倍。且各石罅中如此类之瀑，多至五六支。若再上至靛缸湾，其大更可想见。昔年在华山遇雨，得饱观瀑布，今劳山亦然，可谓巧矣！自双石屋向东北登岭，路极砠确，榛莽蔽塞，下则涧流溅足，上则短松碍眉，其树之高大者，则荫蔽天日，如行黑夜中。上坡下坡，曲折高低而达冈脊，舆人云："此名臭蒲涧。"由冈而下绕行密林中约数里，远望石墙茅檐，隐于岩窝中者，即蔚竹庵。抵此为十时三十分，庵高五百八十公尺。

其后倚高峰，左右冈峦，环拱若墉。山半有高大之森林，庵前修篁成丛。自庵左望岭脊缺处，涧水如断续白练，狂奔石罅而下，即所谓滑溜口也。庵建于明神宗万历年间，清嘉庆间重修。据闻劳山道家不同派者，只此一处云。庵中道士有五六人，客来烹泉进茶，但室内幽黑不洁，余等嘱其在天井中置座而饮之。自庵再东北上坡，皆无途径可寻，惟不规则之乱石，或圆而滑，或锐而角，有时流水没踝，攀登之艰，舆人喘汗，致失足颠踬，余等时时下舆步行。树头水滴，足底泉流，衣履为之尽湿。至岭脊凹处，名滑溜口，高九百公尺。山高风烈，驻足不稳，云雾四合，对面不能见人，忽然雾开，沧海一角，突现眼前，即劳山湾之仰口。盖逾滑溜口，即自山阴翻过山阳，可以望海也。由口而下。峭岩陡削，不易著足，亦下舆步行，或扪危石，或践黄沙，逦迤以进。一时一刻，抵明道观。自蔚竹庵至此，通称八里，实不止此数。观建于宋代，新近修筑，其前有两大银杏，右边巨石，刻明道观三字。进门有客室三楹，至为精洁。道人苏姓，出为招呼，余嘱其蒸馒头，以为午饭，开罐头物食之。食毕，在正殿之左，遥望棋盘石，乃是对面山巅一斜方石，平卧侧出，相传两仙人在上弈棋，有樵夫在旁观之，及毕回家，则家人早故，已隔世矣。此等山头平石，到处多有，不过以神话而成古迹耳。二时三刻，从明道观后登岭，其路更艰，从陡削石跟，攀援而上，有石斜列，高至四五尺者，亦手足并用，猿猱以升。至岭脊称棋盘北口，高八百八十公尺。自口下又见劳山湾，斯时雾消日出，海作蔚蓝色，小岛如螺，矗出海面。再上坡下坡，四时而至白云洞。自明通观至此，亦称八里。白云洞高四百四十公尺，清乾隆时明道王真人来居斯洞。乃一横卧大石，旁有两石支撑之，俨如厦屋。内供玉皇、太乙、老君三尊，入内异常清凉。后有古松，生于石隙，蟠屈如车盖，覆于洞上。洞左右有石崖，左名青龙，右名白虎。登青龙顶，可望劳山湾，道人云："此处观日出最宜。"以时晏不能久留，沿青龙崖侧石级而下，有横穴，题曰卧风窟。窟旁为地藏殿，洞所占地位甚仄，而势特秀美。洞外皆乱石错列，随山势高下，以达海边。而老松成林，枝干或上出如盖，或斜出如轮，或侧下如张网，间以竹林，盘山、黄山之松石，不是过也！从洞左上坡，处处可以见海。三刻，至钓龙嘴，一岬略为方形，伸入海中，故名。青岛市工务局新绘市区全图作雕龙嘴，而《劳山志》雕作钓，似以钓为是。此处海面愈宽，大小岛屿错列，曰车门岛。再折而东南行，经钓龙嘴后，复向西南而至钓龙嘴村。村前新筑汽车道，此系海军司令提倡修筑。北接王哥庄，南抵太清宫。汽车自青岛来，可直达于此。过石桥后，折而西南。即登华岩寺前盘道。道阔而平。两旁夹以大树。气象宏大。再上为曲径，夹以丛竹，益觉幽深。华严寺为劳山唯一僧庙，盖山中皆道观也。山门高处，因地势建藏经阁内贮龙藏。阁前面海，可观日出。正殿不称大雄宝殿，特称那罗延殿，因对北面高峰之那罗延窟也。后为观世音殿，观音殿左精室三间，为客房，殿右为慈霑和尚祠。慈霑和尚，明末人，以那罗延窟，在昔为诸菩萨止息处，就故址修此寺，营殿宇经阁禅堂。后憨山大师德清，亦尝至此。寺中藏有憨山手书，登小金山妙高峰律诗八尺巨辐。余请寺僧出示之，问："尚有憨山未刻遗稿否？"答云无之。寺中四时花木皆备，有黄杨高三丈余，二百年前物也。有僧办两级小学校，常年费二百元，教师一人，所收皆附近村童，不取学费。慈霑和尚塔院，即在小学之下。院门外有金鱼池二，长方形，以龙头引泉水喷入池中。观毕，至寺前华峰饭店，已七时半矣。余等今夕宿于此。每人每日房金一元，饭食西餐一元六角，中餐八角，店中无浴室。饭后以温水拭身，十时后睡。

附憨山大师诗：

> 独上高台眺大荒，飞来空翠湿衣裳，一林寒吹生天籁，无数昏鸦送夕阳。压俗久应辞浊世，濯缨今已在沧浪，何当长揖风尘外，披服云霞坐石床。

二十九日，晴，晨四时起，至店右巨石顶看日出，适有黑云一片，遮蔽海面日出处，未能看得亲切，遂回。盥洗早餐毕，七时出发，循新筑路向西南行，一路观海，洪涛拍岸，如翻匹练。逾长岭，八时一刻，抵黄山村，下临黄山口。三刻抵青山村。下临青山湾。自村后登岭。有涧水自石下泻。阔丈余，若锡以嘉名，亦可称胜景。就对面大石，坐观久之。再登岭，乱石崎岖，疑前无路，下而复上，遥望红瓦石墙，隐于绿树间，舆人曰："此明霞洞也。"及至洞下，竹径长里许，幽深屈折，行于绿云之中，虽日午连登数十石级，亦不觉热矣。洞高六百五十公尺。道人冯坚一肃入海岳真人祠，乃精室三间，遍悬书画。余等啜茗稍憩，道人以所绘八仙墩风景八幅见示。乃以小舟泛海，自太清宫起，历绘八仙墩之全景，八幅合而为一，笔势之秀，与岩石之奇相称！未几，馒头蒸热，佐以四碟小菜供客，余等并出罐头品食之。午后，道人导观洞景，洞北山石镌明代孙紫阳真人行述。是洞开创明代，真人乃明霞洞、白云洞、明道观之祖师也。洞亦与白云洞相类，乃大石横卧，旁支二石而成。清顺治年间大石自上压下，洞门陷没，故明霞洞三字，已离土不过一二寸，仅其右留一穴，名存实亡矣。道观构造为一字式，来时遥望红瓦作顶者为正殿。殿西另辟一院，北屋向南，为观音殿。西屋向东，即海岳真人祠。院中花木繁多，凭墙外望，山光海色，皆收入眼底。一时，与道人别，由小径下，行于石隙丛莽中，约三里，抵上清宫，宫高一百九十公尺，建于宋，为云喦子刘志坚修真处，今仅旧屋数进，甚为萧索。宫前有银杏二株。高十余丈，大可十围，二千年以上古树也。时雷雨忽至，遂入西偏客室暂避。雨止，寻邱长春真人遗迹，宫外西面浑元石上，有石刻绝诗十首，宫内东偏岩上，有青玉案词，皆真人手笔也。出宫南行，小径险仄，或逾石而过，或侧身由石旁悬下，或上危岭，仰则斜松横阻，俯则荆榛碍足，其路之难，较昨日白云洞至华严寺尤过之。遥望八水河瀑布。以时间不及。未能往。四时至海滨，是为太清宫湾，湾内筑石堤，长可数丈。堤畔就石上置灯，为停舟入港之标识。太清宫本名下清宫，上清在山上，下清在海滨，当是一家，今则上清贫而太清富，其规模雄阔，为劳山道观之最。宫前大道，阔四五尺，长及半里，两旁竹林广可十数亩。行于竹径，与明霞洞前相似，但彼曲而此直耳。宫外有水泥所拓广场，为海军陆战队运动之所，盖陆战支队驻于此也。余等进宫后，道人张崇秀，导观一周，正殿题曰都会府。其前亦有银杏二，较上清为小，殿中供三官像，院内有耐冬树，高可二丈。东院为监院室及客房，西院为三清殿，院内耐冬一株，老干可合围，上分二枝，左右侧出，用木支持。道人云："此树名已见于《聊斋志异》，其古可想见矣。"又西为关岳殿，再西为三皇殿。院中富花木，而西院尤多。耐冬之外，有黄杨、牡丹、绣球。斯时复闻雷声，乃汲汲出观，西北行，已有小雨。及青山而雨遂大。六时，回华峰饭店，各人已淋漓尽致矣。恐受冷，各饮白兰地一杯。晚餐后，以温水拭身，八时即卧。是夕因连日劳顿，卧甚酣。

三十日清晨，五时起，七时出发。沿海边大道向东北行，经南洼至钓龙嘴。八时一刻，过仰口，仰口有新筑之战壕，当平津紧急时，此间水陆皆有防御工作，仰口为险要地。日本攻德时，支队即由此登陆也。复经长洼至石哥塔、小王庄。十时一刻，抵王哥庄。此处有市集，五日一集，今日正逢赶节，因路中无午膳处，在此地购馒头汽水。市集在三官庙前，培基与伯岸往购物，余在庙西之修真庵前略徘徊，读庵前碑文，乃王重阳之传道处也。海军陆战支队，亦分驻于此。十一时。由王哥庄后小径向西南。过崖下南山二村，遂登土阡岭，过马头涧。十二时三刻，达岭顶。高三百二十公尺。余等在此处，出馒头汽水罐头物，共作野餐，以为人生一世，似此野餐，能有几次。然天若妒之，今晨出门即有雨，时作时止，及食甫毕，而雷雨大作，在此途中，前后十余里，绝无人家，可以暂避，不得不冒雨行。余服新制防雨布短衣裤，以为可无虑，然雨较昨日为大，卒不能御，竟连里衣湿透。急行回至劳山饭店，为午后二时，去湿衣，沐浴休息，晚九时半睡。

三十一日，晴，晨五时起，出房外至庭中吸空气。王君鼎禹，同坐普安轮船来青岛，昨日亦到劳山饭店。一见余，即问是因是子否？其人颇学道，亦由道入佛，读过余之《静坐法》，卷端有照片，故见而知之也。王君闻余等将登劳顶，亦加入游团，七时一刻出发，由东北上坡，过松风亭。登岭，八时半至小劳顶，高八百公尺。至此稍息，斯时大劳顶尚隐于雾中，风吹雾散，忽然一现，未几又复隐没。由此下坡上坡，如是数次，至鹊崮冈，高八百十公尺。自冈而下，复上至煤石屋，再下至煤石东坡，高八百二十公尺。自此直登黄花顶，高八百九十公尺。其左有大石，矗立如门，右边石跟，有隙，阔尺余，深约八九尺。余与培基侧身悬下，得一洞，高不过三尺，深广约二尺，对面石上镌黄花洞三字，人坐其中，外面不能见。相传明永乐帝起兵赴北平，经过此地，士人被杀几尽，惟有二人避此得免云。由顶左转，见双石柱对峙，高各十余丈，俗呼秋千谷。再折而南，山巅大石数十，骈列如屏。由此下绕而上，方达劳山顶。顶亦名巨峰，高一千零九十公尺。今日柳树台并无雨，而山上则浓雾作小雨。时雨时晴。及将到顶，愈高则雨益大。顶巅有四五大石，下丰上锐，石旁有孔，昔者德人曾杙铁柱，贯铁锁，俾便登临，今则无之。培基谓余能上否？余以手攀石尖，足插孔中，俯身而上，凡越三石，乃至绝顶。此处东南北三面，可望大海，西面俯瞰群山，远见即墨，惜乎今日大雾，惟茫茫云海而已！余自顶下，培基继上，余人皆不能也。雨复至，即匆匆下，已十二时。择一平石上，出携来西餐食之。顶下有泉，自石隙下流，为劳山最美之泉，以瓶取之，用作饮料，甘冽逾常，胜过冰水。食毕，雨又至，急由原路而返。二时半，抵劳山饭店，整理行装，三时，店主栾君心圃，自驾汽车送余等回青岛，仍与伯岸宿新民饭店。洗浴更衣休息，晚十时睡。

八月一日，晴，晨七时起，与伯岸至楼上十六号访王君汉强。未几，汉强复来谈天。渠为国货展览会事，即日须赴威海卫开会。徐君培基昆仲来，十时，偕出至鸿新照相馆，合摄劳山游侣一影，以作纪念。午后，偕伯岸往东莱银行访顾君逸农。余拟往观海水浴场，逸农以汽车陪余等往。至浴场，今日风浪较大，然中外男女入浴者，仍不少，技术精者，竟能跃入海水深处。复至海滨公园，余等即别逸农下车，在海滨游览。至六时半方回店晚餐，九时即睡。

二日，先雨后晴，往明华银行访张君绸伯，伯岸欲观其搜藏古钱，渠出所藏，甚为美富。大概清代钱币，应有尽有，十时别回。十二时，顾君逸农以汽车来接余等至俄国饭店午餐，餐毕，仍以车送余等归。午后三时，与伯岸同往海滨，由栈桥东沿海行，至接收纪念塔，且行且赏海景，直至海滨公园，青岛水族馆。馆有听潮轩，在彼饮冰。时月已东升，步月而回，饭于万佛临素菜馆。至几时回店，洗浴，十时睡。

三日，晴，晨七时，赴普安轮船，伯岸送余往。安顿行李毕，别去。少顷，船主露出消息云：上海有飓风，今日恐不能开，已发电至沪局，三刻钟即有复电。后顾君逸农亦送客登船，船主已宣布改在明晨六时开行，于是客人纷纷登岸，逸农亦招我附其汽车而去。余至新民饭店，下车寻伯岸，不见，遂独往第一公园游息，坐树荫下，饮劳山汽水，至十二时回船。午后，阅毕仲祜所著《深呼吸与身心之改造》。

四日，晴，晨六时，启碇。进黑水洋，有风浪。午后入黄海即平。是日，阅毕仲祜所著《生命一夕谈》。

五日，晴，十二时，船抵上海招商北站，一时返家。

此游在山中五日，胜景十得八九。尚有大劳观、八水瀑布、八仙墩等处未去。凡自青岛往游劳山者，海陆共有四路，然小舟渡海，恒遇风浪，不十分安全，故以乘汽车到柳树台一路最便。劳山分山阴、山阳，山阴以北九水、靛缸湾为最胜。山阳则妙在到处可以看海，早晨可观日出，以华严寺及太清宫二处为胜。凡足力不健，志在流览风景者，到此数处足矣。且山阴则汽车可抵柳树台，自台至靛缸湾，路皆修理平坦，可舆可步。柳树台有劳山饭店，可以住宿。山阳则汽车可直达钓龙嘴，离华严寺不远。寺前有华峰饭店，可以住宿。若欲深入，探白云明霞诸洞，并登劳顶，则山路之难行，出乎意料之外，非健者不办也。